世界標準での
人権救済に道を開こう

今こそ個人通報制度の実現を！

特定非営利活動法人ヒューマンライツ・ナウ[編]

現代人文社

GENJIN ブックレット 60

目　次

歴史の必然としての個人通報制度 ……………………… 5
本書をひもとくにあたって
阿部浩己（ヒューマンライツ・ナウ理事長、神奈川大学法科大学院教授）

「個人通報」という言葉　6
「選択議定書」の意味するもの　7
世界の中に日本があり、日本の中に世界がある　8
歴史の必然　10

国連の人権救済システムと個人通報制度 ………………… 12
ヒューマンライツ・ナウ個人通報制度チーム

はじめに　12
　個人通報制度とは？
　個人通報制度の受入れのあり方
　個人通報制度の受入れは世界の趨勢
国連の人権救済システムとは？　14
　国連人権システムのなりたち
　世界人権宣言と人権条約
　人権条約を実施するための仕組み
　国連人権理事会のもとでのメカニズム
　人権救済システムのなかでの個人通報制度
個人通報制度とはどんなシステムか　19
　どのような場合に利用できるのか
　個人通報制度の流れ
　受理可能性及び本案の審査
　見解の実効性確保（フォローアップ）
国連の人権救済システムと個人通報制度の関係
　──個人通報制度を導入した場合のこれまでとの違いは？　25
　個人がイニシアティブをとることができる
　国際基準に基づく救済が実現できる
日本が個人通報制度を導入すれば改善されると期待される人権問題　26
個人通報制度により条約違反が認定された海外事例　27
　公的給付に関する差別的取扱いについて
　表現の自由について

外国人に対する国外退去強制について
　　　ドメスティック・バイオレンス（DV）からの被害者の保護について
　　　刑事裁判手続について
　　　良心的兵役拒否について

今こそ個人通報制度の導入を　33
　　　人権に関する議論を活性化させるために
　　　国際的な人権スタンダードとのギャップを解消するために
　　　国際社会の重要課題に取り組む姿勢を示すために

［世界人権デー記念シンポジウム］
今こそ人権条約機関への個人通報制度の実現を ……… 36
世界標準での人権救済に道を開こう
　　主催：ヒューマンライツ・ナウ／協賛：国際人権法学会

山花郁夫・外務大臣政務官ビデオメッセージ　37

千葉景子・元法務大臣メッセージ　39

発題：日本の人権救済システムと個人通報制度　40
　　　女性差別撤廃条約と個人通報制度
　　　個人通報申立ての前提条件：自由な市民社会と知的インフラ
　　　個人通報制度を導入すると被害者の人権救済は変わるのか
　　　宮城石巻DV殺人事件
　　　日本で被害者が請求できること
　　　個人通報制度を利用したオーストリアのケース
　　　女性差別撤廃委員会が出した勧告
　　　２つのケースから見える違い
　　　個人通報制度を日本が導入する意義

パネルディスカッション　47
　　　自由権規約の個人通報制度
　　　受理可能性審査
　　　本案審査
　　　救済措置
　　　フォローアップ制度
　　　個人通報制度の意味
　　　日本の裁判のあり方が変わる
　　　メルボルン事件の例
　　　「時の壁」をどうやって突破するか
　　　グローバルな憲法秩序へ
　　　個人通報制度導入はどの程度進んでいるのか
　　　日本の法制度の中で制度は履行できるのか
　　　制度はどのような影響を日本国内に与えるのか

ネックとなっているのは何か
　　　市民社会も対立を乗り越え連帯を
　　　幅広い議論を
　質疑応答　68

個人通報制度の導入をめぐる主な論点 ……………………… 74
東澤 靖（弁護士、明治学院大学法科大学院教授）

はじめに　74
従来の日本政府の対応　75
　　　個人通報制度に対して日本政府が提起してきた問題点
　　　司法制度、司法権の独立とは何か
　　　条約機関の判断や勧告の取扱い
　　　政府部内での検討
日本政府の従来の対応における基本的な問題点　82
　　　委員会の「見解」の法的性格
　　　「司法制度」あるいは「司法権の独立」について
個人通報制度の受入れに向けて検討されるべき論点　89
　　　論点の所在とその内容
　　　国内裁判への影響（①②③）
　　　見解に対する政府の対応（④⑤⑥）
　　　暫定措置に対する政府の対応（⑦）
まとめ　99

個人通報制度をめぐる日本の現状 ……………………………… 101
伊藤和子（ヒューマンライツ・ナウ事務局長、弁護士）

はじめに　101
政権交代と人権政策の転換への期待　101
外務省、法務省、そして国会議員　102
現状　105
世界から問われる日本の人権　105

参考資料：個人通報制度事例 …………………………………………………107

歴史の必然としての個人通報制度

本書をひもとくにあたって

阿部浩己（ヒューマンライツ・ナウ理事長、神奈川大学法科大学院教授）

　私たちの住む地球社会において、人権が国境を超えて守られるべき共通の価値として認められるようになったのは、第二次世界大戦を経てのことです。「人類社会のすべての構成員の固有の尊厳と平等で譲ることのできない権利とを承認することが、世界における自由、正義及び平和の基礎をなす」という思想の下に、「すべての人民とすべての国とが達成すべき共通の基準」として世界人権宣言が公布された1948年に、人類は国際人権保障への本格的な歩みを開始しました。

　以来、世界人権宣言を母胎として今日まで数多くの人権条約が生み出されてきています。現時点にあってとりわけ重要なものは次の9条約です――自由権規約（市民的及び政治的権利に関する国際規約）、社会権規約（経済的、社会的及び文化的権利に関する国際規約）、人種差別撤廃条約、女性差別撤廃条約、拷問等禁止条約、子どもの権利条約、移住労働者・家族権利条約、障害者権利条約、強制失踪条約。

　これらの条約には、条約の規定が各国できちんと実施されているかを国際的に監視する特別の仕組みが備わっています。個人通報制度は、報告制度とともにその代表的な存在というべきものです。2011年12月に子どもの権利条約に個人通報制度が新設されたことにより、現在では上記9条約すべてに個人通報制度が備えられることになりました。

　本書は、その個人通報制度がどのようなものであり、日本社会にとっていかなる意味をもつものなのかをお考えいただく一助となることを願って編まれたものです。詳細は本文をお読みいただくこととして、ここでは、本文への導入として、読者の皆さんが疑問をもたれるだろうと思われるいくつかの

事柄を中心に、ごく簡単に説明を加えておくことにします。

「個人通報」という言葉

　まずは、本書のテーマそのものである「個人通報」という言葉についてです。英語では、individual communicationと表記されます。この語に接して、皆さんはどのようなイメージをもたれるでしょうか。通報とは一般に「情報を告げ知らせること」を意味します。となれば、個人通報とは、個人がなんらかの情報を告げ知らせること、と思う人も少なくないでしょう。言葉の本来の意味からすれば、そのとおりです。実際に、国連の制度の中には、そうした意味で通報という言葉を用いてきたところもあります。

　ところが、人権条約の文脈で用いられる個人通報という言葉にはそれとは違った意味合いが備わっています。簡単にいってしまえば、これは、「人権救済申立て」というべきものなのです。単なる情報の提供にとどまるのではなくて、人権を侵害されたと主張する個人が、その回復を求めて、直接に国際機関に訴え出て救済をはかる制度のことです。訴え出る国際機関とは、具体的には、人権条約ごとに設置された機関をさします。たとえば、自由権規約上の権利を侵害されたと思う人は、自由権規約に基づいて設置された自由権規約委員会という国際機関に救済を求めることができるわけです。

　そうであるのなら、通報などという言葉を用いずに、制度の趣旨がはっきりわかるような、もっと直接的な表現にすればよいようにも思えます。たしかにそのとおりなのですが、そこに見え隠れするのは、言葉の使い方をめぐる国際社会の政治力学です。人権条約は国連を舞台に、主権国家の手で作られてきました。一見すると奇妙なことに、各国政府は、自らの権力行使を制御するような法文書を自ら作ってきたのです。ただ、個人が国際的な場に訴え出て国家を相手に人権条約の実現を図るやり方に対しては、程度の差こそあれ抵抗を示す国が少なくありません。個人通報という言葉には、そうした国家主権の側から出てくる警戒感をいくばくか緩和する効能が伴ってきたようにも思われます。

　とはいっても、大切なのは名称そのものよりも、中身です。マイルドな響きではあっても、個人通報は権利救済のための国際的申立てと理解されてきていることには違いなく、また、現にそのようなものとして運用されてきて

います。人権状況について単に情報を提供したり、告げ知らせるだけの制度なのではありません。

「選択議定書」の意味するもの

　もう一つ、「選択議定書」という言葉についても説明がいるかもしれません。「せんたくぎていしょ」という言葉に初めて音声などで接した時、これを選択議定書と正確に表記できる人はそれほど多くはないでしょう。私の経験でも、「せんたくぎていしょ？　それって、なにを洗濯するものなの？」と、いわれたこともあります。

　単純に知らなかっただけだとすれば、「せんたくぎていしょは選択議定書と表記するのだ」と覚えてしまえばそれまでのことかもしれません。ただ、そうとしてもなお残るのは、「では、選択議定書とはどういうものか」という疑問ではないでしょうか。

　先に、人権条約の実施を国際的に監視する特別の仕組みの代表格として、個人通報制度とともに報告制度があることを紹介しました。報告制度というのは、締約国が各条約機関に条約の実施状況を定期的に報告して、審査を受ける制度のことです。この制度は、上記9条約に入ると必ず受け入れなければなりません。「義務的」制度ということです。

　これに対して、個人通報制度は「選択的」とされています。受け入れるかどうかは、各国が別に判断してよい、ということになっています。人権条約に入っていても、個人通報制度を受け入れるかどうかは別途決めてよいわけです。個人通報制度を受け入れると決めた場合には、自由権規約についていえば、選択議定書に入ることになります。そして、その後に、当該国を相手どって、自由権規約違反を理由とした個人通報が可能になるわけです。

　議定書とは、一般に、本体の条約（たとえば、自由権規約）に追加されたり、あるいは、本体の条約の一部を改正するために作られる条約の呼称として用いられるものです。こうした別個の条約に入ることによって個人通報制度を受け入れることになっているものには、自由権規約以外にも社会権規約、女性差別撤廃条約、子どもの権利条約、障害者権利条約があります（その一方で、人種差別撤廃条約、拷問等禁止条約、移住労働者・家族権利条約、強制失踪条約は、条約本体の中に、個人通報制度の受入れを宣言する旨の規定をおいています。これらの条約の場合

には、別の条約に入るのではなく、受入れを宣言しさえすればよいのです）。

　選択議定書という言葉は、「選択」と「議定書」という2つの言葉が組み合わさってできています。「議定書」だけでもよさそうなものなのですが、わざわざ「選択議定書」という名称が用いられてきた背景には、個人通報制度の受入れが各国の主権的選択によっていることを念押ししようとする政治的なメッセージが感じ取れます。それは、個人通報制度が報告制度以上に国家主権への脅威と思われてきたからでもあります。裏を返せば、個人通報制度が、人権を効果的に実現する「威力」を伴っていると認識されてきたことがうかがえます。

　さらにいうと、「個人通報」という言葉について述べたところとも重なりますが、そこには、国家中心の国際社会において個人を独立した法主体と認めることへの抵抗も見て取れます。個人が自らの名において権利回復を図る国際制度を一般化したくない、あくまでも国家が選択した場合にのみそれは認められるのだ、という考えです。しかし、人権の理念・価値がグローバル化した今日にあって、そうした認識を維持することは著しく困難になっています。国家ではなく人間こそを中心にした国際社会を築き上げようとする潮流が世界的にますます大きくなっているからです。

　こうした中にあって、「選択」という名に事寄せて個人通報制度の受入れを拒み続けることもまた、現代国際社会にはおよそ似つかわしくない政治的態度になっています。21世紀が深まるとともに、選択議定書あるいは個人通報制度の受入れは、これまでのように「選択」の問題なのではなく、各国の「責務」になってきているといってもよいのかもしれません。国際社会を担う有力な先進工業国の1つである日本について、このことは特に妥当するのではないでしょうか。

世界の中に日本があり、日本の中に世界がある

　1979年に自由権規約を批准して以来、日本政府が個人通報制度を受け入れない「公式の」理由は時期によって変遷してきました。1990年前後から強調されてきたのは「司法権の独立を損なうおそれがある」というものなのですが、理由がいかなるものであれ、一貫してその根底に流れてきたのは、個人通報制度そのものへの不信感のようなものでした。制度に確たる信頼がも

てない、ということです。ちなみに、この点は米国も同じで、自国のすぐれた法制度によって問題はきちんと解決できるので国際的な救済申立て手続きは不要であるという態度が貫かれてきています。

　そうした評価・態度はそれとしてありうるのかもしれませんが、しかし、未来を見据えたより大切な問いは、「では個人通報制度をどうするのか」というところにあるように思います。確たる信頼がもてないから距離を置き続ける、ということではもうとうてい立ち行かないでしょう。日本に強く求められているのは、そうではなくて、個人通報制度が十分でない側面を抱えているというのであればなおのこと、積極的な参画を通してこの制度を共に育み、成長させていく態度をとることではないでしょうか。既に日本からは、本書にもお出ましいただいている林陽子氏や岩沢雄司氏など第一級の専門家たちが、人権条約機関において個人通報制度の運用をリードしてきている現実もあります。この制度を市民一般に利用可能にすることで、日本社会で培われた知見がグローバルに活かされていくきっかけがさらに広がっていくのではないでしょうか。それは、人権問題と格闘する世界各地の人々に対しても、重要な連帯のメッセージとなって反響していくに違いありません。

　もとより、誤解してはなりませんが、個人通報制度は無条件に「魔法の杖」として私たちの助けになってくれるわけではありません。本書をご覧いただければおわかりになるとおり、実際に通報を提出し、本案について審査してもらうには、数々の条件をクリアしなくてはなりません。言語面でも、とくに英語の能力が不可欠になってきます。最終的に違反の認定を得られるという保証があるわけでもありません。違反の認定を得て必要な勧告をもらっても、それが実施されるのかも定かでないのです。

　このように未知のところは多々あるのですが、ただそうではあっても、はっきりといえることもあります。それは、個人通報制度に入ることによって、人権問題に臨む私たちの思考態度が変わっていくということです。中でも弁護士や裁判官など法律をつかさどる人たちが、個人通報制度あるいは人権条約を今より強く意識せざるをえないことになっていくでしょう。日本の中で起きている人権問題を、国際的な人権スタンダードに照らして思考し処理する機会が、法廷の内と外で広がっていくということです。通報が実際にどれだけなされるかにかかわらず、この制度が後ろに控えていることで、国内における問題の処理・解決が国際スタンダードを反映した形で行われる場

面がふえていくのです。もちろん、市民社会における議論の作法にも違いが出てくるでしょう。個人通報を視野に入れた思考を展開することで、事態を打開する新たな局面が開けていくこともありえます。

　個人通報は、個別の人権救済をはかる新たな制度的回路を提供してくれるという意味で、直截的なインパクトを私たちにもたらしうるものであることはたしかです。この国で未解決のままにおかれている数々の人権問題を具体的に頭に思い浮かべるまでもなく、その意義は実に大きなものといわなくてはなりません。しかし、中長期的な観点からそれ以上に無視できないのは、この制度が、閉ざされがちな私たちの思考態度を世界に向かって拓いていくきっかけになるということです。日本の法制度・思考が、グローバルな人権スタンダードを通して鍛えられ、洗練されていくということです。逆に、日本において精錬された議論が世界に還元されていく機会も広がっていくでしょう。個人通報を通して私たちの思考が刺激され、それが個人通報そのものの拡充にはねかえっていくという双方向的な関係が築かれていくかもしれません。

　これを別していえば、個人通報制度とは、個別具体的な権利救済の可能性を押し広げる一方で、私たちに、「世界の中に日本があり、日本の中に世界がある」というダイナミックな現実を体感させてくれるものでもあるのです。

歴史の必然

　2009年に日本で歴史的な政権交代があった直後、個人通報制度の受入れがいよいよ目前に迫ったような感を覚え、陶然たる興奮に包まれたことを昨日のように想い起こします。残念なことに、政権与党の公約は諸般の事情により今日にいたるも未達成のままにおかれています。しかし、人間の尊厳を最優先の価値に掲げた国際社会の一員である日本のとるべき態度として、個人通報制度の受入れはいずれにせよ避けて通ることはできないでしょう。それは、日本の近未来に約束された〈歴史の必然〉としてあるように思います。

　幸いなことに、政策決定過程に浸潤していた個人通報制度に対する不信感のようなものは、2010年4月、外務省に人権条約履行室が設置され制度受入れに向けた検討が本格化したことからうかがえるように、今ではかなりの程度払拭されたように見えます。必要なのは、政治的決断です。本書を通して、

個人通報制度に関する理解がさらに広がり、受入れに向けた政治的意思の醸成がいっそう推し進められていくことを心から願っています。

　本書の刊行には多くの方々のご尽力にあずかっていますが、なかでも、特段のご協力をいただいた林陽子・岩沢雄司・松浦純也の三氏に、記して感謝申し上げます。

（あべ・こうき）

国連の人権救済システムと個人通報制度

ヒューマンライツ・ナウ個人通報制度チーム

はじめに

個人通報制度とは？

　個人通報制度とは、国際的な人権条約を批准した国において、条約によって保障されている人権を侵害された個人が、国内での人権救済を求める措置を尽くしたのに救済されない場合に、条約で定められた人権条約機関に直接救済を申し立てる制度です。

　人権条約機関は、個人からの人権侵害の訴えに対し、人権侵害・条約違反の有無を判断し、その実現を通じて人権問題の解決・人権の救済を図ろうとします。

　日本が批准している条約で個人通報制度が発効しているものには、5つあります。それは、1979年に批准した自由権規約、1985年に批准した女性差別撤廃条約、1995年に加入した人種差別撤廃条約、1999年に加入した拷問等禁止条約、並びに、2009年に批准した強制失踪条約です。

　さらに、社会権規約についても2008年に個人通報制度に道を開く選択議定書が国連総会で採択され、各国の署名に開放されています。また、子どもの権利条約についても、個人通報制度を実現する国連決議が2011年12月19日に採択されました。

　また、日本の位置するアジア地域には地域人権条約や地域人権裁判所がありませんが、ヨーロッパ、米州などにはヨーロッパ人権条約、米州人権条約があり、また、地域の人権裁判所・人権委員会が存在します。ヨーロッパや米州に住む個人が、こうした地域人権条約に違反すると申し立てた事例は、

地域人権委員会や地域人権裁判所で条約違反の有無が審査されています。

個人通報制度の受入れのあり方

　個人通報制度は、人権条約を批准した国すべてが導入しなければならないというものではありません。個人通報制度を受け入れるか否かは、人権条約を批准した国の選択に委ねられています。

　例えば、自由権規約の個人通報制度は、自由権規約の「第1選択議定書」によって創設された制度で、「第1選択議定書」を批准するかどうかは規約締約国の判断に委ねられ、規約締約国が「第1選択議定書」を批准することによって個人通報制度に服することになります。

　女性差別撤廃条約についても個人通報制度を定めた「選択議定書」を条約締約国が批准することによって、個人通報制度に服することになります。

　他方、人種差別撤廃条約、拷問等禁止条約については、締約国が単に個人通報制度の受諾を宣言することによって、個人通報制度に服することになります。

　日本は人権主要条約と言われる自由権規約、社会権規約、人種差別撤廃条約、拷問等禁止条約、女性差別撤廃条約、子どもの権利条約のすべてを批准していますが、個人通報制度についてはひとつも受け入れていません。

個人通報制度の受入れは世界の趨勢

　しかし世界を見渡してみると、個人通報制度を受け入れるのがむしろ趨勢となっています。

個人通報制度の導入状況（2012年1月20日現在）

条約	条約参加国	個人通報制度受入れ国	受入れ方法
自由権規約	167	114	第1選択議定書の批准
女性差別撤廃条約	187	104	選択議定書の批准
拷問等禁止条約	149	65	条文22条を受諾
人種差別撤廃条約	175	54	条文14条を受諾
強制失踪条約	30	12	条文31条を受諾

　2012年1月20日時点において、国連加盟国193カ国中、上記の表の通り、多くの国が個人通報制度を受け入れています。

具体的に見ていきますと、既に自由権規約を批准した167カ国中、114カ国が個人通報制度受け入れに関する第1選択議定書を批准しています。女性差別撤廃条約を批准した187カ国のうち、104カ国が個人通報制度受け入れに関する第1選択議定書を批准しています。ちなみに、100番目に批准した国はカンボジア王国、101カ国目はガーナ共和国です。

　このように個人通報制度を導入しているのは、ヨーロッパ諸国だけでなく、隣国である大韓民国をはじめ、アジア諸国でもフィリピン、カンボジア、モンゴル、さらにアフリカ諸国にも広がり、個人通報制度を受け入れる国々が増えています。個人通報制度の受入れは世界の趨勢だということができます。

　ところが、日本はいずれの個人通報制度も受け入れていません。

　OECD（経済協力開発機構）加盟国中、個人通報制度を受け入れていないのは、日本を含む2カ国のみです。日本、アメリカ合衆国、イギリス、フランス、ドイツ、イタリア、カナダ、ロシアの8カ国の首脳及び、欧州連合（EU）の委員長が参加して毎年開催される首脳会議であるG8の中では日本のみが、個人通報制度を受け入れていません（アメリカは、米州人権機構の管轄に属し、その範囲で個人通報制度を受け入れているということができます）。

　日本は欧米のみならず、世界の中でも後れをとっているのが現状だと言えます。

国連の人権救済システムとは？

　ここで、個人通報制度について詳しく進む前に、国連の人権救済システムについて概観しましょう。

国連人権システムのなりたち

　国連には、様々な人権救済システムが存在します。

　人類が未曾有の戦争の惨禍を経験した第二次世界大戦では、ファシズム国家が国内では大規模人権侵害を、対外的には侵略を行ったことを反省し、世界を再構築するために平和の実現とともに人権の尊重が不可欠だ、という認識が世界でひろがりました。

　こうして、1945年に設立された国連は、国際平和と安全の維持（憲章1条1

項)、民族の同権と自決権 (憲章1条2項)、人種、性・言語、宗教による差別のない人権・基本的自由の尊重 (憲章1条3項) を目的として発足しました。国連憲章は、全ての加盟国に対して、人権および基本的自由の尊重・遵守のために共同および個別の行動を取ることを求めています (憲章56条)。

国連憲章はさらに、国連総会の活動の重要な柱として「人権及び基本的自由を実現するよう援助すること」(憲章13条) を掲げ、経済社会理事会も、基本的人権の尊重・遵守を確保するための勧告をすることができるとされ (憲章62条)、そのため専門委員会設置について定められました (憲章68条)。

この規定に基づいて1946年、国連のなかに経済社会理事会の下部機関としての「人権委員会」が設立され、2006年に国連総会の下部機関である「人権理事会」に改組しました。

世界人権宣言と人権条約

第二次世界大戦後、発足した国連「人権委員会」の初仕事は、「世界人権宣言」の起草でした。1948年に国連総会で採択された「世界人権宣言」は世界の人々に共通する人権保障について国際社会の認識を示した初めての国際文書です。

「すべての人間は、生れながらにして自由であり、かつ、尊厳と権利とについて平等である」(宣言1条) として、生命の権利、差別の禁止、奴隷制や拷問・虐待の禁止、思想・良心・宗教の自由、さらに社会権をも保障したこの宣言は、世界の人権の基本文書として、今も重要な役割を果たしています。

その後、20年近い歳月をかけて、世界人権宣言に掲げられた権利を具体化し条約に結実させようとする取組みが続けられました。

そして、1966年、市民的及び政治的権利に関する国際規約 (自由権規約)、経済的、社会的及び文化的権利に関する国際規約 (社会権規約) が国連総会で採択され、さらに10年かけて1976年に両条約が発効します。

国連ではこのほかに、人種差別撤廃条約 (1969年発効)、拷問等禁止条約 (1987年発効) を実現、さらに女性と子どもの人権に関する認識の高まりを受けて、女性差別撤廃条約 (1981年発効)、子どもの権利条約 (1990年発効) が採択されています。

自由権・社会権規約、拷問等禁止条約、人種差別撤廃条約、女性差別撤廃条約、子どもの権利条約は、主要な国際人権条約であり、「人権6条約」と呼

ばれています。

最近では、強制失踪条約、障がい者権利条約など、新しい条約も次々と発効しています。

人権条約を実施するための仕組み

(1) 人権条約機関

人権条約は各国がこれを批准しても、その中身が実施されなければ意味がありません。

そこで、条約の実施状況をモニタリングし、条約の内容の実現を促進する「人権条約機関」の存在が極めて重要となります。

例えば、自由権規約にもとづく人権条約機関として、自由権規約委員会 (Human Rights Committee) が設置されました。締約国によって選ばれた18人の専門家からなるこの委員会が、締約国による自由権規約の国内実施状況を監督しています (会期は年3回。開催場所はジュネーブとニューヨーク)。

社会権規約、人種差別撤廃条約、拷問等禁止条約、女性差別撤廃条約、子どもの権利条約も、それぞれ人権条約機関として社会権規約委員会、人種差別撤廃委員会、拷問禁止委員会、女性差別撤廃委員会、子どもの権利委員会を設置し、締約国による条約の実施状況を審査・監督しています。

人権条約	対応する人権条約機関
自由権規約	自由権規約委員会
社会権規約	社会権規約委員会
人種差別撤廃条約	人種差別撤廃委員会
拷問等禁止条約	拷問禁止委員会
女性差別撤廃条約	女性差別撤廃委員会
子どもの権利条約	子どもの権利委員会
障がい者権利条約	障がい者権利委員会
強制失踪条約	強制失踪委員会

(2) 国家報告審査

人権条約機関による各国の人権条約実施状況のモニタリングとして最も基本的なものが、「国家報告審査」です。

自由権規約を例にとってみましょう。すべての締約国は、その国の人権状

況について5年ごとに定期報告書を提出し、自由権規約委員会の審査に付さなければならない（規約40条）とされています。

　自由権規約委員会は締約国の報告書だけでなく、NGOからの情報提供など、様々な情報に基づき、報告書に対する総括所見を発表し、人権状況の改善を勧告します。

　締約国は、自由権規約委員会の総括所見および勧告に従って条約上の義務を実施しなければならない責務を負っています。

　自由権規約と並んで主要な人権条約である社会権規約、人種差別撤廃条約、拷問等禁止条約、女性差別撤廃条約、子どもの権利条約は、いずれもこの国家報告審査制度を確立し、人権条約機関が国家報告審査を行っています。すべての締約国は、条約を批准した以上最低限の義務としてこの国家報告審査を受けなければならず、人権条約機関の勧告を実施する責務を負うのです。

⑶　個人通報制度

　人権条約機関の役割として、国家報告審査と並んで重要なのが、個人からの規約違反の通報を審査する制度、つまり「個人通報制度」です。国家報告審査がその国の一般的な状況を課題ごとに扱い、制度の改善などの勧告を行うのに対し、個人通報制度は個人の人権侵害に関する具体的な事案について救済申立てを受け、個別具体的な事件について人権条約違反があるか否かを判断して解決を求める、というもので、個人の人権救済を図る役割が期待されるとともに、個別事案を通じて締約国の人権条約履行を監視するという役割を果たしています。

⑷　一般的意見

　また、自由権規約委員会は、自由権規約の解釈について定期的に「一般的意見」(General Comment) を発表しています。この見解は、自由権規約委員会の最先端の判断や議論を反映させた、自由権規約の有権的解釈として大きな意味を持っています。こうした解釈指針が詳細に示されることによって、規約上国が取るべき義務や、権利の内容が明確で具体的になります。一般的意見は、条約の解釈指針ですので、国家報告審査や個人通報事例も、一般的意見をよりどころにして判断がなされることになります。またなにより、締約国は、この意見を尊重して、それに基づいて人権条約を実施・保障していくことが求められます。他の人権条約機関も同様に、「一般的意見」ないし「一

般的勧告」を採択・公表して、条約実施の指針を示しています。

国連人権理事会のもとでのメカニズム[1]

　国連人権理事会は国連人権委員会に代わって2006年に新しく創設された、国連の主要機関です。

　国連人権理事会のもとでの人権に関するメカニズムとして重要なのは、普遍的・定期的審査と特別手続です。

⑴　普遍的・定期的審査

　人権理事会のもとに新たに設置された、人権状況に関する全加盟国審査制度を「普遍的定期的審査」（UPR: Universal Periodic Review）といいます。この審査は、当初は4年、現在は4年半に一度、すべての加盟国が、人権理事会によってその人権義務の履行状況を審査されるというシステムです。

　既にこの審査は加盟国を一巡し、すべての国の審査が行われました。日本も2008年に審査を受けています。この審査において日本は多くの人権に関する改善を勧告されましたが、その勧告のなかには「個人通報制度の受入れ」も含まれています。

⑵　特別手続

　国連人権委員会は、テーマ別および国別に特別報告者を任命して特定の人権問題を研究または調査させ、あるいは、国別およびテーマ別に人権侵害の問題を取り上げ、委員会で議論する特別手続と呼ばれる仕組みを発展させました。

　この仕組みは人権理事会に引き継がれましたが、人権委員会が国別に人権侵害問題を取り上げ、非難や勧告の決議を行うことに批判的な国も少なくなかったことから、現在では、国別の特別報告者が少なくなり、テーマ別の特別報告者が増加しつつあります。特別報告者は、対象国、または対象となるテーマに関して問題となる国を訪問し、人権状況を調査し、当該国との建設的対話も行い、調査結果を人権理事会や国連総会に報告します。特別報告者の活動をもとに様々な国連総会や人権理事会の決議が採択されています。

1　芹田健太郎＝薬師寺公夫＝坂元茂樹『ブリッジブック国際人権法』（信山社、2008年）参照。

人権救済システムのなかでの個人通報制度

　以上に見てきた国連の人権救済システムのなかで、人権条約に基づく救済制度であり、個別事案の救済を取り扱うのが、個人通報制度です。国や専門家ではなく、人権侵害を受けた個人のイニシアティブによる制度であるということ、全般的な状況の改善ではなく、具体的な個人の人権の救済を実現するという点で、特筆すべき重要な制度ということができます。

個人通報制度とはどんなシステムか

どのような場合に利用できるのか

　では、個人通報制度がどのようなシステムなのか、少し詳細にみていくことにしましょう。

　例えば、ある病歴があることを理由に、いわれのない差別を受けたと主張する個人が、自由権規約に違反した人権侵害にあったとして、国内で人権救済を求めた場合について考えてみましょう。

　この個人が地方裁判所で敗訴をし、控訴をしたものの、高等裁判所でも敗訴をし、更に、最高裁判所でも敗訴してしまったとしましょう。

　この事例では、実体として自由権規約の差別禁止条項（規約26条）に違反する人権侵害があったと言えるにもかかわらず、このような人権侵害が国内では是正されなかったとしましょう。

　このような事態について、個人が、人権条約機関に直接的な救済を求めるのが個人通報制度です。今の日本では、最高裁によって救済されなかった事案について、それ以上の人権救済を受ける道はないのですが、個人通報制度を日本が受け入れれば、最高裁によっても救済されなかった事案であっても、国際人権条約の視点から、国連の専門家委員会によって再度審査を受ける機会が開かれることになるのです。

　締約国によって自由権規約に定める人権を侵害されたと主張する被害者（個人）は、自由権規約委員会に自ら「通報」を行うことができます（選択議定書1条）。

　通報は、通常被害者と主張する個人自らまたはその代理人によって提出される必要がありますが、それが不可能な事情があるときは通報者のために親

族等が提出した通報が受理されることもあります。

　通報内容をみて、死刑執行や退去強制の執行が迫っているなど、緊急に対応しなければ通報者に回復不能な損害が生じるという差し迫った状況にあるときは、自由権規約委員会はこれを避けるために暫定措置をとることもできます。

　このように、個人通報制度は、人権条約に違反する人権侵害が、国内で是正されなかった場合に、被害者個人に対して直接人権条約機関への人権救済の申立てを認め、人権侵害の是正を図り、人権救済の実効化を図ろうとするものです。

個人通報制度の流れ

　この個人通報制度の手続の流れは、各人権条約機関により異なりますが、ここでは自由権規約委員会を参考に制度の流れを概観します。

　他の条約に関しても、細部の手続は異なるものの、人権条約機関がほぼ類似の方法で個人通報事例の審査を行い、結論を出しています。

(1) 申立て

　Ａ氏に対して規約違反に該当する人権侵害と疑われる行為が発生しました。Ａ氏は訴訟など国内的な救済手段を尽くしましたが、すべて認められませんでした。そこで、Ａ氏は個人通報の書面を作成して国連に通報を行います。

　通報に当たって留意すべきポイントは以下の通りです。

- 通報の主体は自由権規約上の権利を侵害された個人。
- 通報時の国籍、所在地にかかわらず、被害を受けた時点で、締約国の管轄下にあればよい。
- 各人権条約機関の事務局を担う国連人権高等弁務官事務所（OHCHR）に提出。

(2) 受付

　Ａ氏の通報は、国連のなかの人権問題を扱う事務所である「国連人権高等弁務官事務所」（OHCHR: Office of the High Commissioner for Human Rights）が受付をし、人権条約機関に通報を回付します。

A氏が自由権規約違反を問題としているなら、自由権規約について審査をする自由権規約委員会に通報が送られます。
(3) 規約事務局による審査
　通報が委員会に回付された後、規約事務局が、通報に関する形式的審査を行います。
　形式的審査のポイントは以下の通りです。

> - 通報者の氏名、住所
> - 通報の相手国
> - 通報の目的
> - 援用する規約の条文
> - 主張事実など

　規約事務局は、申立てに不備がある場合は、通報者に補正を求めます。
　形式的要件をみたさない通報は、通報として正式登録されないこととなります。
　新規の案件を担当する「新規特別報告者」が委員会によって任命され、正式登録を認めるか否かの審査を行い、通報の相手国に当該通報を送付し、所見を求めます。
　委員会はこの段階で、通報者に対して、回復不能な損害が生じる差し迫った危険があると判断した場合には、暫定措置を求めます。例えば、死刑執行の停止や、強制送還の停止などを求めることになります。
(4) 報告者による審査
　正式に登録された事案については、委員会の委員のなかからケースを担当する報告者が任命されます。
　報告者となった委員は、相手国及び通報者からの情報を収集し、関連情報を検討し、通報作業部会に対して、見解・決定の案を提出します。
　委員会は、相手国に意見を求め、回答を促します。その回答に対して、申立人は更に反論をすることもできます。
(5) 通報作業部会・全体会議での討議
　報告者の作成した見解・決定の案は、委員会内の「通報作業部会」で討議され、全体会議に対して回付する見解・決定の案を確定します。

委員会は、通報作業部会の勧告を受けて全体会議を開き、最終決定を行います。

　審査の内容は、受理可能性があるかという形式的要件の審査と、形式的要件を満たしたことを前提に、条約違反がある否かという実体を審査する本案審査に分かれています。

　まず、形式的要件を満たさない場合は、不受理ということとなり、決定を書面で採択します。

　次に、形式的審査を満たし、受理可能性ありと判断された事案については、本案の審査が行われます。①本案の審査では、締約国に規約違反があったか否かについて判断がされます。②委員会が規約違反と認定した場合、その理由を付した見解（Views）が採択され、見解には通常、被害者に対する救済と再発の防止を求める勧告を付されます。③そして、委員会の見解は、通報者及び関係締約国に送付されます。本案審査で規約違反が認められなかった場合は、申立ては棄却されます。

(6)　フォローアップ

　委員会は、通報事案について見解を出した後、その見解が受け入れられ、勧告が実行に移されるよう、当事国に対して対応を求める「フォローアップ」の活動も行っています。

受理可能性及び本案の審査

(1)　受理可能性

　では、形式的審査における受理可能性の審査とは具体的にはどのようなものでしょうか。自由権規約を例にみていきましょう。

　自由権規約の受理可能性の要件としては以下のものがあります。

① 　国内救済措置を尽くしていること
② 　他の国際的手続に係属していないこと
③ 　人的管轄（通報者の適格）
④ 　事項的管轄（自由権規約上の権利侵害があること）
⑤ 　時間的管轄（遡及適用は認められない）
⑥ 　領域的管轄

　まず、①国内的救済を完了していること、②同一の事案が他の国際的調査または解決手続で現に扱われていないこと（選択議定書2条、5条）という要件

を満たさなければなりません。

　国内的救済手続を完了しているか、という点について、日本のように三審制を採っているところであれば、三審全てにおいて、その主張立証が尽くされてなお、裁判所による救済が受けられなかったという事実が必要です。ただし、締約国に効果的な救済手段が存在しないと認められる場合、あるいは、救済の実施が不当に遅延する場合には、国内的救済を尽くしていなくても委員会は通報を受理することができます。

　また、同一事案が現に他の国際的手続で扱われている、国内的救済手続が尽くされていないという理由で通報が不受理とされた場合であっても、後日、これらの要件は満たされたという個人の請求があるときは、委員会は受理可能性を再審査することがあります。反対に、通報を受理する決定をいったん行っても、締約国のその後の説明に基づき本案審査のときに再度審査をし直すこともあります。

　また、通報された事実が、個人通報制度を導入していない国の人権侵害に関する事案であれば、委員会は通報を受理することができません。さらに、通報された事実が、その締約国が第1選択議定書の効力が発生する前に生じた事実であり、その後今日に至るまでの継続性が認められない場合や、締約国の留保によって規約の規定の適用が排除されているなど、通報された事案について、委員会の管轄権が時間的、事項的に及ばない場合にも、委員会は通報を受理することができません。

　さらに、委員会は、匿名の通報や、権利の濫用とみられる通報、規約の規定に反する通報は受理することができません(選択議定書3条)。

　通報が規約とは無関係である場合にも、もちろん通報は認められません(④)。

(2) 本案の審査

　このようにして、受理可能性が認められて初めて、本案の審査、つまり、通報者の主張する権利侵害が自由権規約に違反するか、という実質的な審査に移ります。

　審査は、違反の疑いのある規約の条文ごとに行われます。委員会は通報者と締約国の双方から受領した書面の審査によって事実を確定するとともに、適用される規約条文の解釈を行います。

　自由権規約委員会の報告者、通報作業部会、そして最終決定を行う18人の

専門家委員は、一般的意見などを解釈指針としつつ、個別事案の解決について討議し、議論を尽くします。

その結果、委員会は締約国に規約違反があったか否かについて判断し、違反を認定した場合には、見解を採択し、通報者及び締約国にその見解を送付します。

なお、委員会の見解には法的拘束力はなく、勧告的効力しかないと考えられています。しかし、勧告的効力しかないからと言って、従わなくて良いということではありません。委員会は、第1選択議定書を批准した締約国には、規約違反を委員会から決定された場合は被害者に効果的な救済を与える義務があるとする見解を公表し、委員会の勧告を遵守することを締約国に求めています。

見解の実効性確保（フォローアップ）

自由権規約委員会の出した見解には法的拘束力は認められません。しかし、見解の実効性を図るために、フォローアップのシステムが用意されています。その具体的内容は、以下のようなものです。

まず、違反を認定された締約国は、原則として180日以内に勧告の履行状況に関する情報を委員会に提供することが求められます。

委員会は、委員会の見解を実施するために締約国がとった措置を確認するために、見解のフォローアップのための特別報告者を任命します。特別報告者は、関係締約国や通報者と接触をとり、適切な措置をとることができるほか、委員会によるさらなる措置が必要と判断した場合は、さらなる措置の勧告を行うこともできます。

選任された特別報告者及び委員会は、未だ回答がなされていない違反案件について締約国に回答を促します。提出された回答が満足すべき内容である場合はフォローアップ手続を終了する旨を特別報告者が勧告し、委員会が決定します。一方、不満足な回答についてはさらに情報を求め、改善を要請する活動などを行うこともあります。

また、委員会は、毎年の報告書において、満足のいく回答、不満足な回答、回答の未受領、フォローアップの対話継続中などと印した一覧表を公表しています。

さらには、国家報告審査においても、個人通報事案の見解を締約国が受け

入れ、勧告を履行しているかはひとつの焦点として厳しく審査をされます。

自由権規約委員会は、1977年から2010年までの間に、83カ国を相手国とする1,888件の通報を受け付け、そのうち681件について見解を採択し、このうち543件について違反認定がなされています。

他方、533件が不受理、264件が取り下げ等により終結し、410件は審査中です[2]。

個人通報処理件数（自由権規約委員会）　　　　　　　　　　　　　（各年12月31日現在）

年度	新規登録件数	終結件数	審査継続件数
2008	87	88	439
2007	206	47	455
2006	96	109	296
2005	106	96	309
2004	100	78	299
2003	88	89	277
2002	107	51	278
2001	81	41	222
2000	58	43	182

国連の人権救済システムと個人通報制度の関係
――個人通報制度を導入した場合のこれまでとの違いは？

ここまで、国連の人権救済システムを概観してきました。

日本は主要人権条約の締約国として国家報告審査を受け、また、国連人権理事会の普遍的・定期的審査などの審査を受けています。これに加えて、日本が個人通報制度を導入することにより、これまでとどのような違いが生じるのでしょうか。

個人がイニシアティブをとることができる

まず、この手続は、人権を侵害されたと感じる個々人のイニシアティブに

---

[2] Report of the Human Rights Committee, A/64/40 (Vol. I)(2009), para. 99, 106より引用。

より、救済を求めることができる手続である点に、それ以外の制度との大きな違いがあります。人権侵害を受けた被害者が直接救済を申し立てることにより、専門家委員会の見解を求め、救済や解決が図られることになる制度なのです。

国際基準に基づく救済が実現できる

　次に、個別事案を審査することを通じて国際人権基準に基づく人権救済を実現することができる、という意義があります。

　日本は条約上の義務として、「国家報告審査制度」に基づき、定期的に国家としての報告書を各人権条約機関に提出し、審査を受けてきました。しかし、この審査は個別の事案に及ぶものではありませんでした。また、これまで日本は、報告書審査のたびに、人権状況の改善を勧告されながらも、多くの勧告を実施せず、国際人権基準と日本の実情に大きな乖離が生じていました。

　ところが、個人通報制度が導入されれば、個人が具体的な事案に基づいて人権救済を求め、委員会が具体的な事案に基づいて人権条約違反の有無を判断することになります。報告書審査に加えて、個人の人権救済を受け付ける個人通報制度を受け入れることにより、個別事案における具体的な条約違反について明確な見解が示されることになり、個別具体的な事案について、国際的な人権基準に基づくレビューが行われ、国際スタンダードでの人権救済に道を開くことが可能となります。

日本が個人通報制度を導入すれば改善されると期待される人権問題

　日本が個人通報制度を導入すれば改善されると期待される人権問題は数多く存在します。

　まず、国家報告審査にあたって、条約違反と指摘されたり、繰り返し改善を勧告されている課題は少なくありません。

　その一つに、現在日本で大きな問題となっている、えん罪に関する問題が挙げられます。刑事事件における証拠の全面的な開示、取調べの全面可視化は、自由権規約委員会から勧告を受けています。個人通報制度の導入により、個別の刑事事件について人権条約違反が認定されれば、有罪判決に疑義が生

じる事態が予想されます。そのような疑いを払しょくするため、国際水準に基づく法改正や制度改革が必要となってくることでしょう（自由権規約14条）。

　死刑執行の家族・弁護人・本人への事前通知・告知、再審請求の死刑執行停止効、死刑囚の独居拘禁の緩和などといった、未だ実現していない問題についても個別事例が通報され、制度が改善される可能性があります（自由権規約・拷問等禁止条約）。

　また、拷問を受ける危険性のある国への難民認定申請者の帰還の禁止なども改善が見込まれます（拷問等禁止条約）。

　戸別訪問の禁止など、選挙・表現の自由に関する規制の撤廃・緩和も求められるでしょう（自由権規約19条）。

　差別の問題では、婚外子差別（自由権規約26条ほか）、女性のみに再婚禁止期間を設け、女性のみ16歳から婚姻できるとする民法の女性差別規定も改正を求められるでしょう。また、女性に対するあらゆる差別についても見直されるきっかけとなるでしょう（自由権規約26条、女性差別撤廃条約）。また、障がいをもつ人々に対する差別についても条約違反が認定され、是正が勧告される可能性があります。外国人に対する差別も同様でしょう。

　これらの課題は、そもそも人権条約に照らして懸念があり、改善が再三にわたり勧告されていた問題ばかりです。本来、条約を誠実に遵守する（憲法98条2項）姿勢であれば、個人通報制度を導入する以前から改善しているべきだった課題ばかりです。しかし、個人通報で個別事案が問題になり、取り上げられれば、改善を先延ばしにすることは困難となります。

　このように、国連の人権救済システムによる人権救済は、個人通報制度が受け入れられることにより、より実効的になるということができます。

個人通報制度により条約違反が認定された海外事例

　さらに、以下に紹介する海外の事例を見れば、こうした一般的な制度的課題を超えて、いかに具体的な場面での人権問題の解決に個人通報制度が活用されているかがわかります。実際に個人通報制度の審査の結果、自由権規約や女性差別撤廃条約違反とされた海外の事例について見てみましょう[3]。

3　阿部浩己＝今井直＝藤本俊明『テキストブック国際人権法〔第3版〕』（日本評論社、2009年）ほか参照。

公的給付に関する差別的取扱いについて

　まず、公的給付に関する差別的取扱いに関する判断を挙げることができます。

　自由権規約委員会は、フランスが、国籍の違いによって軍人年金の支給額に差異を設けていたことについての個人通報事例について、このような差異を設けることは差別であり、規約違反に該当すると判断しました。また、オランダが所得保障にあたって女性に対してだけ「生計の担い手」であることを要求するのは差別であり規約違反であるとした決定も出されています。

表現の自由について

　表現の自由に関して、カナダの一地域において、フランス語以外の屋外広告を禁止する法律があったことに対し、表現の自由違反が問われた事例で、自由権規約委員会は、規約違反を認定しました。

外国人に対する国外退去強制について

　外国人に対する国外退去強制事案についても、注目すべき判断があります。オーストラリアに14年生活し、13歳の子どものいる親子を不法滞在を理由に国外追放しようとしたオーストラリア政府の措置について、自由権規約委員会は、家族の権利に反するとし、規約違反を認定しました。

ドメスティック・バイオレンス（DV）からの被害者の保護について

　オーストリア在住の女性が深刻なDVの結果亡くなった事案において、締約国であるオーストリアが女性に対してDVからの効果的な保護・救済の措置を取らなかったことが女性差別撤廃条約違反として問われた事件で、女性差別撤廃委員会は、締約国が相当の注意義務を払って人権侵害を予防し、暴力行為について捜査・処罰し、被害者に補償を提供することを怠った場合、私人による人権侵害行為にも締約国の責任が生じるとして、条約違反を認定しました。

　委員会は、締約国に、DV防止連邦法と関連の刑法の実施および監視を強化すること、DV加害者を注意深くかつ迅速に訴追し、加害者の権利が女性の生命及び安全の権利に優先することのないよう相当の注意義務を果たすこ

と、法執行関係者、司法関係者、関係NGO等の間の連携を強化すること、法曹及び法執行関係者らに対するDVについての研修・教育を強化することを勧告しました（本書・参考資料109頁〔事例２〕参照）[4]。

刑事裁判手続について

　フィリピンの個人通報事例に対する自由権規約委員会の判断は、刑事裁判手続に関して興味深いものです。

　通報者は、1999年５月、６名の共犯者とともに、被害者Aに対する誘拐・監禁の罪により刑事裁判所で有罪判決を受け、終身刑（ただし一定期間後仮釈放の可能性がある）を言い渡されました。通報者は判決を不服として上告しましたが、最高裁は原審で無罪とされた被害者Bに対する誘拐・監禁・殺人・強かんの罪についても通報者を有罪と認め、死刑を言い渡しました。通報者は、国内的救済手段が尽くされたとして委員会に通報しました[5]。

　通報者が主張する自由権規約違反は以下のとおりでした。
① 　1987年の新憲法が廃止した死刑制度を1993年に復活させたこと、また改正刑法が一定の犯罪に対して自動的に死刑を科し、情状酌量等による減刑を認めないことは、生命の権利（規約６条）の恣意的剥奪にあたる。
② 　適正手続の保障を欠く裁判で死刑を宣告することは、「生命の権利の恣意的な剥奪」にあたり規約６条に違反する。本件では、具体的に以下のような手続上の問題が認められる。
　ア　釈放と免責を条件に通報者に不利な証言をした共犯者の供述が証拠として採用された。
　イ　アリバイの立証責任が全面的に通報者に負わされた上に、アリバイに関する弁護側の証人申請が「無関係かつ重要性がない」として却下された。
　ウ　弁護人が法廷侮辱罪で逮捕・勾留され、後任の国選弁護人には反対尋問の準備期間が１日しか与えられなかった。その上、同弁護人は、

---

4 CEDAW No.6/2005; The Vienna Intervention Centre against Domestic Violence and the Association for Women's Access to Justice on behalf of Banu Akbak, Gulen Khan, and Melissa Ozdemir v. Austria <http://www.un.org/womenwatch/daw/cedaw/protocol/dec-views/htm>.
5 CCPR No.1421/2005 Francisco Juan Larranaga v. The Philippines, Report of the Human Rights Committee, A/61/40 (vol.II)(2006), p.406.

他の共犯者の弁護人も兼務しているという利益相反の問題があったことから、通報者が私選弁護人の選任を要求したが、選任のための裁判延期は認められないとして却下された。
　エ　公判の裁判官と予審の裁判官のうち、数名が同一人物だった点は、裁判の独立性・公平性の点から問題がある。
　オ　最高裁は、刑事裁判所で無罪とされた点についても有罪の判決をしたにも関わらず、通報者に弁論の機会が与えられなかった。
③　起訴から再審請求の却下まで7年10カ月という裁判遅延に合理的理由は認められない。
④　死刑執行の恐怖に長期間さらされていることは、「残虐な刑罰」を禁止した規約7条に違反し、不適正な手続きで投獄されている状態は「恣意的拘禁」を禁じた規約9条に違反する。

以上の通報に対する、自由権規約委員会の判断は概略以下のようなものでした。

①　ある種の犯罪に対し、唯一の選択として死刑を自動的に適用して情状等を一切考慮しないことは、「生命の恣意的な剥奪」であり、規約6条1項に違反する。
②　アリバイの立証責任を被告人に課している国があるとしても、本件では、アリバイ立証のための証人のうち何名かが排除される一方で、共犯者の証言を採用し、更には裁判官の予断排除にも疑問があること等を考慮すると、本件裁判が「推定無罪の原則」を遵守していたとは言えず、規約14条2項に違反する。
③　弁護人に事案を把握し検討する十分な時間を与えなかった点は、規約14条3項(b)(d)に、私選弁護人選任の要求が却下された点は規約14条3項(d)に違反する。
④　事実認定や証拠の採用は国内裁判所の専権事項ではあるが、死刑という結果の重大性に鑑みると、「無関係かつ重要性がない」との理由のみで弁護側の証人を却下する一方で、検察側の証人にはそのような制限を加えていない点は、規約14条3項(e)に違反する。
⑤　下級審で判断されなかった点にまで最高裁が有罪の認定をして死刑を科した点は、規約14条1項、同5項に違反する。
⑥　予審を担当した裁判官が公判を担当した点は、規約14条1項に違反す

る。
　⑦　裁判の遅延は裁判所に起因しており、規約14条3項(c)に違反する。
　⑧　規約14条の基準を満たさない手続によって科された死刑判決を受け、いつ執行されるかわからない状況にさせることは、それ自体多大な苦しみを与えるものであり、拷問等の残虐な刑罰を禁止した規約7条に違反する。

　以上により本件裁判は、規約6条、7条、14条1項、同2項、同3項(b)(c)(d)(e)、同5項にそれぞれ違反しており、加盟国は通報者に対し死刑判決の軽減や釈放等を含む実効的な救済措置をとり、かつ、将来同様の違反行為を防止する義務を負う（本書・参考資料111頁〔事例3〕参照）。

良心的兵役拒否について

　兵役制をとる大韓民国では、兵役拒否に対する処罰が思想・良心及び宗教の自由（自由権規約18条）を侵害するか否かが自由権規約委員会において個人通報事案として審理されました。

　2名の通報者はエホバの証人の信者であり、それぞれ2001年と2002年に、宗教上の信念と良心に従い兵役を拒否したことにより、韓国の兵役法(Military Service Act)88条1項に従って逮捕、起訴され、東ソウル地方裁判所で懲役1年半の有罪判決を受けました。両名は保釈されたものの、控訴審裁判所、さらに最高裁判所も一審判決を支持しました。2004年には憲法裁判所も「（韓国の）憲法19条に定める良心の自由は、兵役拒否を認めるものでない。憲法に兵役拒否を具体的に認めた条文はない。兵役法88条は憲法19条に定める権利を侵害していない」との判断を示しました。このあと、同様の刑事訴追が次々と行われ、2004年末までに1,100人が投獄されました。

　通報者は、韓国に強制的兵役に代わる市民的役務の制度がなく、兵役拒否した者が刑事犯として起訴され懲役を科せられるのは自由権規約18条1項違反であると主張しました。

　他方、韓国政府は、規約18条には、必要であれば良心の表明に制限を課すことができると規定されている、他方、韓国憲法37条2項では、「国防、法秩序、公共の福祉のためには、法によって市民の権利は制限される」と定めている、よって、憲法19条の定める良心の自由を根拠に兵役拒否はできない、内的に良心を形成し保持する自由は制限されないが、兵役拒否によってそ

れを表明することは、治安や法秩序を脅かす恐れがあれば制限され得る、韓国は、北朝鮮と敵対関係にあるという地政的条件のもと、全国民徴兵制度を取っており、国民が平等に義務を果たすことに重要な意味がある、例外を認めることは、社会的統一を揺るがし、兵役制度の根本を不安定にし、国防に悪影響を与える、代替役務制度の導入は、現在の国防の状況においても国民的理解においても、それを可能にする段階にない、兵役拒否を処罰するのは、国防の重要性、兵役負担の平等性、また代替役務制度が不在であることから、規約18条3項を侵害していない等と主張しました。

これに対して委員会は以下の見解を出しました（本書・参考資料114頁〔事例4〕参照）[6]。

① 規約18条に基づき、強制的兵役は宗教的信念に照らして道徳的倫理的に許されないという考えが尊重されるべきである。
② 一般的意見22号にもあるように、兵役拒否の権利は規約18条から派生し、信仰や信念の自由を守るために、認められる。
③ 韓国の国防上の状況、公共の安全と社会の統合を守るという目的は理解される。しかし、通報者の権利が規約18条で守られ兵役拒否を認めた場合、いかなる不都合があるのか、具体的に示されていないし、重大な影響があるとは認められない。
④ 良心、信念、その表明を十分に認めてこそ、多元的価値を有する社会的統合や公正が実現する。
⑤ 全国民徴兵制度を劣化させないまま、代替役務制度を持つことは理論的にも実際上も可能である。
⑥ そうした措置を取ることなく、通報者を有罪としたことは、規約18条1項に違反する。
⑦ 従って、規約2条3項に従って、当事国は補償を含む実効的な救済を通報者に与え、同様の侵害を繰り返さない義務を負う。

以上みてきたとおり、個人通報制度は各国が抱える人権問題について、人権状況を改善させる視点に立ち、次々と重要な判断をしてきました。

---

[6] No.1321-1322/2004; Yoon and Choi v. Republic of Korea, Report of the Human Rights Committee, A/62/40 (vol.II)(2007), p.195.

こうした人権条約機関の判断を受けても、なかなかすぐには従おうとしない国もあります。しかし、人権条約機関は個人通報事例について締約国のフォローアップを熱心に求めており、こうした決定を受け取った被害者やNGOも黙ってはいません。政府に対して人権条約機関の決定や勧告を実施するよう求めていくことになります。そのため、多くの国では、こうした人権条約機関の判断や勧告を受け入れて、個別事件を契機に人権状況が改善されているのです。

今こそ個人通報制度の導入を

　日本が個人通報制度を受け入れる意義は、大きく分けて3つほどあると言えます。

人権に関する議論を活性化させるために

　まず第1に、人権の議論を活性化し、より豊かに発展させることができるようになります。

　日本は人権条約を批准し、憲法98条2項により条約の遵守義務を負っています。しかし、個別ケースにおいて、人権条約に違反したかどうかの判断は日本の裁判所が行い、その見解が人権条約機関の解釈（国際スタンダード）と違っても、そのまま放置されてきました。日本の司法は、硬直的な判断で、日本の人権の前進を妨げてきたことは否めません。

　しかし個人通報制度により、最高裁判所までもが救済を拒否した事案も、国連の人権基準に基づくレビューを受けることになれば、司法は大きな変容を迫られることになります。個別の事案について最先端の国際スタンダードに基づくレビューがなされることになれば、裁判所も国際的な判断から学び、国際人権基準への理解を深め、それに適った判断をすることが期待できます。このように、個人通報制度の導入によって、日本の司法判断が国際人権基準を取り入れ、国際的な議論に開かれた司法に変わることが期待できます。

　そうなれば、人権条約機関への通報の前に、国内裁判所の段階で、国際人権基準に基づく救済が実現することも期待できます。

　また、人権に関する議論の活性化が、よき立法改正、行政の改善にもつな

がっていくと期待されます。すなわち、問題が生じた後の司法による事後的救済よりも前に、人権侵害が救済される道が拓けてくると期待できるのです。

国際的な人権スタンダードとのギャップを解消するために

第2に、日本の人権状況と国際的な人権スタンダードのギャップを解消することにつながるという意義があります。

人権条約機関による国家報告審査のたびに、日本の人権状況の改善を求める勧告が出されています。日本が人権条約機関の勧告に従ってこなかった問題には、死刑制度、死刑囚の処遇、密室での取調べや起訴前の勾留などの刑事司法制度全般、外国人に対する差別、婚外子や女性に対する差別的法規定など、深刻なものが少なくありません。しかし、残念ながら、日本に対して繰り返して指摘される多くの勧告は実施されないまま今日に至り、国際人権基準と日本の実情に大きな乖離が生じていました。

例えば、2009年7月、女性差別撤廃委員会は、第6回目の国家報告に対する総括所見において、「本条約が、拘束力のある人権関連文書として、また締約国における女性に対するあらゆる形態の差別撤廃及び女性の地位向上の基盤として重視されていないことについて、懸念を有する」(19項)と厳しく指摘、また、「締約国の第4次・第5次定期報告[7]の審議後に委員会が表明した懸念事項や勧告の一部へのとりくみが不十分」であることを遺憾とし、「とりわけ、本条約に沿った差別の定義の欠如、民法における差別的規定、本条約の認知度、労働市場における女性の状況と女性が直面する賃金差別、及び選挙で選ばれるハイレベルの機関への女性の参加が低いことへのとりくみが行われていない」(15項)と指摘しています。

このように日本は人権条約機関からの勧告を受け入れていない国としてしばしば国際社会で問題視されているのです。

個人通報制度を受け入れることにより、個別・具体的な事案の解決に即して判断・勧告が行われることは、個別的な人権侵害の救済を前進させるとともに、結果として、日本の人権状況を国際スタンダードに近づけることに繋がります。

---

[7] CEDAW/C/2003/II/CRP.3/Add.1/Rev.1. 2003年7月18日。

また、国際的には共通理解となっている人権の考え方を日本に定着させることも期待できます。
　このように国家報告審査に加えて個人通報制度を受け入れることにより、日本の制度を国際的な人権スタンダードに適合するものに変えることができれば、大きな前進になると言えるでしょう。

国際社会の重要課題に取り組む姿勢を示すために

　第3に、個人通報制度は、日本が人権に開かれた、人権擁護という国際社会の重要な課題に真摯に取り組む国であることの証になるものです。
　日本国憲法前文は、「われらは、平和を維持し、専制と隷従、圧迫と偏狭を地上から永遠に除去しようと努めてゐる国際社会において、名誉ある地位を占めたいと思ふ」と宣言していますが、人権擁護の分野で国際社会に協力し、国内外の人権擁護の取り組みに積極的な貢献をすることはまさに「名誉ある地位」といえる役割にほかなりません。
　そのためには、まず、自ら国際的な人権スタンダードを受け入れ、国内の人権状況を前進させることが必要です。
　国際的にも国内的にも個人通報制度を導入すべき機は熟していると言えます。人権救済に向けて今こそ個人通報制度を導入するため、一歩を踏み出すことが求められています。

[世界人権デー記念シンポジウム]
今こそ人権条約機関への個人通報制度の実現を
世界標準での人権救済に道を開こう

主催：ヒューマンライツ・ナウ／協賛：国際人権法学会

日時：2010年12月10日18時30分から20時30分まで
場所：青山学院大学青山キャンパス6号館模擬法廷（東京都渋谷区）

【発題：日本の人権救済システムと個人通報制度】
　　林　陽子（弁護士、女性差別撤廃委員会委員）

【パネル・ディスカッション】
パネリスト
　　岩沢雄司（東京大学法学部教授、自由権規約委員会委員長〔シンポジウム当時〕）
　　林　陽子（弁護士、女性差別撤廃委員会委員）
　　松浦純也（外務省人権条約履行室長〔シンポジウム当時〕）
　　阿部浩己（ヒューマンライツ・ナウ理事長、神奈川大学法科大学院教授）
コーディネーター
　　東澤　靖（弁護士、明治学院大学法科大学院教授）

　日本が批准している自由権規約、人種差別撤廃条約、拷問等禁止条約、女性差別撤廃条約には、個人の人権救済申立を認める「個人通報制度」があり、世界の多くの国々がこの制度を受け入れています。
　世界のあちこちで、国内の裁判所では救われなかった被害者が、「個人通報制度」を通じて人権侵害から救済され、人権政策が見直されていますが、日本はまだこの制度を受け入れず、世界標準の人権保障から取り残されているのが実情です。人権を侵害された個人の通報を受けて条約機関が日本政府に改善を促すことは、その個人の人権の救済につながるだけでなく、日本の行政や司法全体の改善につながります。
　現政権を担う民主党は、個人通報制度の実現をマニフェストに掲げており、その実現が注目されます。今こそ、「個人通報制度」の早期実現にむけた具体的ステップを踏み出すべきです。
　このシンポジウムでは、「いつか」ではなく、「いま」個人通報制度を実現するにはどうすればよいか、個人通報制度が実現されると、具体的に日本の社会はどう変わるのか、各分野の第一線で活躍する方々を迎えて、議論します。

司会 本日は世界人権デー記念シンポジウム「今こそ人権条約機関への個人通報制度の実現を」にお集まりくださりありがとうございます。個人通報制度への日本の加入については、もう一歩というところまで来ました。今日は、改めてこの制度の意義や、どうすればあと一歩進んで制度への加入を果たせるのか、などといったことについて話し合えれば幸いです。

　まず最初に、個人通報制度導入に向け大きな力となってくださっている、外務大臣政務官（シンポジウム当時）の山花郁夫さんからビデオメッセージをいただいておりますので、ご覧下さい。

山花郁夫・外務大臣政務官ビデオメッセージ

山花　外務大臣政務官の山花郁夫でございます。本日は、ヒューマンライツ・ナウが、明日12月10日の「世界人権デー」を記念して行う個人通報制度に関するシンポジウムに 御招待をいただき、ありがとうございました。本日のシンポジウムの開催にあたり、一言ご挨拶申し上げます。

　本日のシンポジウムは「今こそ人権条約機関への個人通報制度の実現を」というテーマの下、人権諸条約に設けられた個人通報制度を取り上げ、我が国が同制度を受け入れるための条件や我が国が同制度を受け入れる意義といった問題について、突っ込んだ議論をされるものと承知しています。私は、国会議員としても個人通報制度に以前から大きな関心をもっており、人権諸条約の実施の効果的な担保を図るという趣旨から、注目すべき制度であると考えています。現在、政府は、このような意義を念頭に置き、各方面から寄せられる意見も踏まえつつ、個人通報制度の受入れの是非について真剣に検討を進めているところです。

　我が国による個人通報制度の受入れについて考えるとき、戦後の国際的な人権保障に関する取組の発展の流れの中からこの問題を考えることが重要です。さきほど12月10日は「世界人権デー」と申し上げましたが、これは、世界人権宣言が採択された1948年12月10日を記念して、1950年の国連総会において、毎年12月10日を「人権デー」として世界中で記念行事を行うことが決議されたことによるものです。戦後の国際社会は、人権及び基本的自由の尊重を国連の目的の一つとして掲げ、世界人権宣言の採択や人権諸条約の作成等を通じて、世界の人権問題や国際的な人権保護の促進といった課題に積

極的に取り組んできました。

　国際社会は、人権諸条約の作成にとどまらず、これら条約の実効性を確保する制度の構築にも力を入れてきました。例えば、各国がお互いの人権状況を審査する人権理事会の普遍的・定期的レビュー（UPR）や、人権条約締約国がその条約の実施状況を定期的に報告し、委員会の審査を受ける政府報告審査はその代表的な例です。

　国際社会において人権保障の取組が強化される中で、我が国は、自由権規約、社会権規約等の主要な人権条約を締結し、その誠実な実施に努めてきました。また、人権理事会を始めとする国連の場における議論や、二国間会談における働きかけ等を通じて、国際社会における人権の保護・促進のための取組を進めてきています。例えば、中国、イラン、EUといった国及び地域との間で人権対話を実施しており、双方の人権分野での取組や、国際場裡における協力のあり方等について、率直な意見交換を実施しています。

　このように人権を重視する我が国が、個人通報制度を受け入れる意義は何でしょうか。私は、大きく2つあると思います。第1に、個人通報制度を受け入れることによって国内の人権をめぐる議論を活発にすることです。我が国では、国内での人権をめぐる問題について自由な議論が行われ、それを通じて様々な改善及び変更がなされてきました。我が国が同制度を受け入れることは、我が国の人権をめぐる議論に国際的な視点を追加し、国内の議論を更に活発にするものだと考えています。また、第2に、我が国の人権尊重の姿勢を改めて内外に表明し、国際社会における人権保障の発展に貢献することです。個人通報制度は、人権諸条約の実施に関する国際的なフォローアップシステムの一つと位置づけられるものであり、我が国がそれを受け入れることは、世界の人権保障という観点から積極的な意義を有するものだと考えます。

　他方、個人通報制度を受け入れたとしても、委員会の見解や勧告に対する締約国による誠実な考慮といった実行が伴わない限り、個人通報制度は有益なものとはなり得ません。委員会の見解は法的拘束力を有さないものとされており、見解が我が国国内で何らかの法的効力を有したり、既存の国内判決を否定したりする効力を有するものではありませんが、各締約国が委員会の出す見解や勧告に対し、いかに誠実な考慮を払うかが重要です。そのような点を含め、政府では、個人通報制度の受入れの是非について、真剣な検討を

進めているところです。

　また、個人通報制度の受入れには、より多くの国民の皆さんがこの制度を正確に理解し、その意義について議論していただくことが必要だと思います。本日のシンポジウムには、自由権規約委員会の委員長、女子差別撤廃委員会の委員として、国際社会において活躍し、他の国々に関して行われている個人通報の検討に加わっておられる岩沢先生、林先生も参加されております。このような個人通報の実務に携わっておられる方々からのご意見も含め、本日のシンポジウムにおいて、我が国の個人通報制度受入れの意義、受入れのために事前に準備しておくべきことといった問題について、活発かつ積極的な議論がなされることを期待しています。同時に、本日のシンポジウムのように、一般の方々も対象とした会合の開催等を通じて、国内の幅広い分野、レベルの方々がこの制度を意識され、この制度に関する正確な認識を深めつつ、活発な議論を行っていかれることを心から期待しています。

　最後に、本日のシンポジウムのご成功をお祈りし、私からのご挨拶とさせていただきます。

千葉景子・元法務大臣メッセージ

司会　次に、元法務大臣で弁護士の千葉景子さんからもメッセージをいただいておりますのでご紹介いたします。

　「世界人権デー記念シンポジウムの開催に心から敬意を表しますとともに、エールを送ります。今回のテーマでもある個人通報制度の導入に関しては、民主党のマニフェスト政策でもあり、私も、大臣就任にあたり、主要な取り組み課題にさせていただいたものです。

　力及ばず、任期中に実現までには至りませんでしたが、問題点の整理もほぼ尽くされ、実現への環境は調いつつあると認識しております。皆様の力強い後押しにより早期に制度が具体化され、国際社会からの信頼を得るとともに、わが国社会の人権状況の進展に寄与できることを切に願っております。

　私も、皆様とともに引き続き力を尽くしてまいる決意であることを申し添え、ヒューマンライツ・ナウの活躍とご発展を心からご祈念申し上げ、メッセージといたします。

2010年12月9日　　元法務大臣・弁護士　千葉景子」。

また、本日は、「人権問題を市民とともに考える議員連盟」の幹事長（シンポジウム当時）をされている牧野聖修衆議院議員の秘書の方にも来ていただいています。どうもありがとうございます。
　続いて、弁護士で女性差別撤廃委員会委員の林陽子さんより、記念講演をしていただきます。よろしくお願いいたします。

発題：日本の人権救済システムと個人通報制度

林　皆さん、こんばんは。ご紹介にあずかりました、弁護士の林陽子です。20分時間をいただきましたので、このあとのディスカッションの材料となる発題をさせていただきます。
　初めに、本日の会合を組織してくださいました、ヒューマンライツ・ナウの皆さんの日頃の活動に敬意を表するとともに、今日、会場にお集まりの皆さんとともに世界人権デーをお祝いできることを喜びたいと思います。

女性差別撤廃条約と個人通報制度
　私は、2008年1月から女性差別撤廃委員会の委員を務めています。女性差別撤廃条約は1979年にできた条約で、現在、締約国は186カ国あり（2012年1月20日現在では187カ国）、国連の9つの主要人権条約の中では、子どもの権利条約に次いで当事国の数が多い条約です。
　いまだに女性差別撤廃条約を批准していない主な国としては、ソマリア、スーダン、イラン、アメリカ合衆国があります。アメリカ合衆国は、約2週間前に上院で女性差別撤廃条約批准に向けた公聴会を開いたという情報が入っています。今日もアメリカ大使館の人とその話をしましたが、今ここで、どこまで進んでいるか皆さんに情報提供できるだけの正確な知識を私は持ち合わせていません。
　女性差別撤廃条約の起草過程では、この条約にも個人通報を付けることが、政府代表で構成される女性の地位委員会（CSW）で検討されましたが、女性差別の原因は法律的な制度や法律ではなく、より社会的・文化的な要因が大きく、個人通報制度になじまないという理由で、個人通報がないかたちで条約が成立しました。それが、1993年のウィーン世界人権会議、1995年の北京第4回世界女性会議を経て、ようやく1999年に選択議定書として個人通

報制度が成立しました。

　今年（2010年）10月にカンボジアが選択議定書の100番目の締約国になりました（2012年1月20日現在では104カ国）。私は、日本が100番目までには批准をしてほしいと思っていましたが、残念ながら、100番入りを逃しました。

林陽子（はやし・ようこ）

　1999年に選択議定書ができて以来、10年間に登録された個人通報の件数は、30件未満という非常に少ない数ですが、申立ては近年増えています。また、近年の顕著な傾向として、最近までは申立てのすべてが欧州評議会加盟国、すなわちヨーロッパからの申立てでしたが、過去1年の間に、アジア、南アメリカ、東欧からの新規の申立てが来ています。委員会が公表した一番新しい個人通報の見解は、2010年7月に採択されたフィリピンのケースであり、これはアジアで最初のケースとなりました。

個人通報申立ての前提条件：自由な市民社会と知的インフラ

　私は、よく日本政府の関係者などから、「日本が、もし選択議定書に入ったら、日本から個人通報の申立てがたくさん出るでしょうか」と予測を聞かれることがありますが、個人通報の申立ての前提条件としては、いくつかの受理要件があります（本書・ヒューマンライツ・ナウ論文22頁参照）。

　これをクリアできるのはどういう人たちかというと、まず、それぞれの国の中に、ある程度成熟した国内の司法制度がある、市民が司法にアクセスができる、国際機関へ申し立てるだけの表現の自由や結社の自由があるような自由な市民社会がある、そして、この制度があることを教えてくれる学者やNGOがアクターとしている社会でなければ、個人通報は出てきません。

　したがってこの問いに対する答えとしては、日本が、もしそういう知的なインフラストラクチャーを備えている国であれば、個人通報はたくさん出てきますが、そういうものがないのであれば、出てこないだろう、ということです。

個人通報制度を導入すると被害者の人権救済は変わるのか

　日本の裁判実務では、日本国憲法でカバーできず、国際人権条約を必要と

するような訴訟は存在しないという考え方が、支配的であると言ってよいと思います。

では、仮に日本が国際人権条約の個人通報制度に入った時に、そこで被害者が受けられる人権救済が全く変わらないのか、あるいは、何か変わったものがもたらされるのか。女性に対する暴力をめぐるケースについて、個人通報制度を利用できない国内の例と、個人通報制度を利用したオーストリアの例を基に考えてみたいと思います。

宮城石巻DV殺人事件

日本のケースとしては、今年（2010年）11月25日に仙台地裁で判決があった「宮城石巻DV殺人事件」（仙台地判平22・11・25裁判所ウェブサイト裁判例情報登載）のことをお話しします。この事件の事実関係については、報道とインターネットで知った限りのものです。

このケースでは、未成年の少年と少女の間で4カ月の子どもも生まれていましたが、少女が、殴る、蹴るの暴力や、たばこの火を押し付けられるなど、日常的に非常に激しい家庭内暴力を受けたために、少年から逃げて実家に帰ったり、姉のところに避難をしていました。

後に宮城県警の検証報告書が県議会に出されていますが、それによればこの少女は、警察に12回にわたって被害を通報し、相談をしましたが、文書による被害届は出されておりませんでした。警察は、少女を一度はシェルターに避難させました。犯行前日、少年が、また逃げている少女を訪ねて暴力を振るいました。警察が来て何をしたかというと、少女に対して「被害届を出しなさい」と説得をしたのみで、少年の身柄を拘束することをしませんでした。そしてその翌日、また少年が来て、彼女をかばっていた姉と彼女の同級生の女性2人を殺害し、親族の男性に重傷を負わせるという事件が発生しました。

この事件において、仙台地裁では、裁判員制度が始まって以来初めて、少年に対する死刑判決を宣告しました。少年の母親も証人として出廷していたそうですが、母親自身が再婚した相手から非常に激しい家庭内暴力を受け、少年はその暴力を見て育ちました。母親は、「2人も人をあやめてしまったのだから仕方がないのかもしれませんが、私にとっては大事な息子です」と言って泣き崩れたという報道がされています。

少年は、死刑判決に対して、「刑を受け入れたい」と言ったと報道されていますが、その後、弁護団との話し合いの結果、高裁に控訴したと報道されています。

日本で被害者が請求できること

　こういう事件が日本で起こったときに、被害者である少女あるいは殺された姉や同級生の遺族が誰に対して何を請求できるかというと、加害者は未成年なので、加害者の法定代理人である加害者の親に対して民事で損害賠償を払えということは、論理的には可能です。「論理的には」と言うのは、普通、こういう犯罪の加害者は、資力に乏しい場合が多いので、実際にその人たちから何千万円とか1億円という損害賠償金を取り立てることは、不可能に近いのです。

　さらに、今の刑事裁判には被害者参加制度があるので、法廷で、自分たちがいかにつらい目に遭っているかといったことや、あるいは例えば、加害者は極刑にすべきであるということを自分自身または自分の弁護士を通じて発言することができます。

　しかし被害者の要求は、これらに収まりません。今日、この会場にも弁護士や犯罪被害者の支援をしている人がたくさん来られていますが、私たちが被害者から聞く話では、例えば、「再発を防止してほしい」「二度と同じことが起こらないようにしてほしい」「加害者にはもっと反省をしてほしい」、あるいは「こういう事件が起こったことを社会が忘れないでほしい」といったさまざまな要求を被害者の人たちは持っています。でも、今の日本の法律では、「お金を払え」とか「死刑になれ」と言うことはできても、再発を防止するとか、社会の仕組みを変えていくといった方向につなげていくことは、全くできないとは言いませんが、非常に困難です。

　さらに、石巻の事件で、12回も警察に通報したのに警察が被害を防止できなかったことに対して、警察の責任を問えるのかという問題があります。県警の報告書を読む限り、被害防止の措置として、被害者に具体的に説明・指導を行い、基本的措置を取っていた、適切に対応していたと県議会に報告をしています。「経緯については、すべて上司と相談し、経緯は記録化されていた」とも言っており、自分たちの捜査の在り方に過誤があったということは一切認めていません。

有名な事件として、2005年に東京高裁で国家賠償請求訴訟の判決があった「桶川ストーカー殺人事件」(東京高判平成17・1・26判時1891・3)がありますが、これはその後、ストーカー法(ストーカー行為等の規制等に関する法律)を議員立法で作るきっかけとなった事件です。この事件は、埼玉県警の捜査権限の不行使は違法であったという違法性は認めました。しかし、そのことと被害者がストーカーによって殺されたという死亡との間には因果関係がないとして、数百万円の慰謝料は遺族の両親に認めましたが、死亡との関係での逸失利益や、その他の損害は認めなかったケースです。

行政権限の不作為を理由に、国に対して国家責任を認められるかという法律上の論点がありますが、「関西水俣病事件判決」(最判平成16・10・15民集58・7・1802)は、最高裁の判決でそれを初めて認めた事件です。これ以前にも、最高裁の少数意見では「認める」との見解もありました。法廷意見として行政権限の不行使について国家賠償責任を認めたのは、この関西水俣病事件が最初のものですが、針の穴を通るほど非常に難しいことです。

個人通報制度を利用したオーストリアのケース

では個人通報を利用したケースではどうなのか。オーストリアのあるケースを見てみましょう。

事案を細かく説明している時間はありませんが、被害者の女性が、2002年に何回か警察に暴力の通報をし、自分の夫がDVの加害者であるという告発をしました。そして、検察に夫の逮捕を要請しましたが、逮捕要請が却下されました。結局、夫は女性を待ち伏せし、2人の子どもが見ている目の前で銃殺したという悲惨な事件です。

この事件での個人通報の申立人は遺族ではなく、The Vienna Intervention Centre against Domestic Violenceと The Association for Women's Access to Justiceという2つのNGOが、ハカン・ギョクスとハンダン・ギョクスという遺族のために申立てを行っています。女性差別撤廃条約選択議定書は、申立て権限者の中で、「締約国の管轄にある個人または集団であって、条約に定めるいずれかの権利の被害者であると主張する者またはその者のために提出することができる」とあり、第三者による申立てを認めています。このケースも、ドメスティックバイオレンスの被害者のために活動するNGOが、被害者のために出した通報です。

女性差別撤廃委員会が出した勧告

　申立てを受けた委員会は、オーストリアの警察の対応は、条約上の権利を侵害し、条約2条の効果的な救済、私人による権利侵害を防ぐ締約国の差別撤廃義務に違反したと認定し、4つの勧告を出しました。①DV防止連邦法と関連の刑法の実施及び監視を強化すること、②加害者を迅速に訴追し、加害者の権利が女性の生命や安全に優先しないようにすること、③警察や入管などの法執行者、司法関係者、関係NGO等の間の連携を強化すること、④法曹及び法執行関係者らに対するDVについての研修・教育を強化することです。

　勧告が出ると、6カ月以内に締約国は、勧告にどう対応するか返答をすることになっており、委員会によるフォローアップ手続が開始されます。オーストリア政府は、すぐにこれを実施するという回答はしませんでしたが、委員会との何回かのやり取りの結果、最終的にはこの勧告はすべて締約国によって受け入れられ、DV法の改正も実現したという報告が来ています。

　なお個人通報のケースでは、条約違反が認定された場合には、締約国に対して被害者・遺族への金銭賠償を勧告することが多いのですが、このケースでは、申立人となったNGOが明示的に金銭賠償は不要であると述べていたため、そのことは問題になりませんでした。

2つのケースから見える違い

　加害者、しかも少年に対して死刑を宣告し、民事の賠償は、恐らく加害者個人ないしはその法定代理人にしか請求できない日本の法制度と、法律の改正やNGOとの連携、あるいは法曹に対するトレーニングが勧告される個人通報との差はどこから出てくるのでしょうか。私は、国際人権法における締約国の差別撤廃義務の内容が、日本国憲法が保障しているものよりもより被害者保護に厚く、多様な措置を可能にしているので、それが結果としてこのような勧告になって出てきていると解釈をしています。

　「自由権規約委員会一般的意見(General Comment)31号」は、2004年に出ました。女性差別撤廃委員会も、つい先頃、女性差別撤廃条約の差別撤廃義務に関する「一般的勧告(General Recommendation)28号」を出しました。この中で、条約上の権利が侵害された個人に対しては、国は補償をすることが必要

だとされています。補償は、例えば、金銭賠償、リハビリテーション、「満足の措置」を伴うものであることに留意をする、となっています。

　満足の措置、「サティスファクション」と言われるものは、例えば、加害者や政府、議会が公の場で謝罪をする、被害者あるいは重大な事件があったことをみんなが忘れないように記念式典を行う、再発防止のための措置をとる、国内法や慣行の改廃をしていく、そして、加害者を訴追し裁判をしっかりやっていくことなどを指します。これらが締約国の義務として必要であるとして、この義務の内容を個人通報制度では締約国に勧告をするというかたちになっています。

　こうした措置が可能なのは、結局、個人通報の見解に法的拘束力はなく、締約国との間のダイアローグ（対話）であり、なおかつ、司法判断をしているわけではないからこそ、こういう柔軟なかたちでの勧告が出せるのだと私は思います。この点については、ほかのパネルの皆さんとも、後半に意見が交換できればと思います。

　従って、はじめに取り上げた石巻の事件は、刑事事件における少年への死刑宣告で終わり、日本でその後、DV防止法を改正する話は、残念ながら、まだ政府の動きとしてはありません。宮城県警は一応、検証報告書を議会に出し、これからはさらに慎重に検討をしていくと言っています。では、警察が今後、女性に対する暴力についての捜査手法をどう改めていくかを、誰が見守り誰が勧告をしていくのか、その仕組みが日本の社会にはありません。日本には国内人権機関もありませんので、いったい誰がそれをフォローするのかも考えなければいけません。

　オーストリアのケースでは、条約機関が勧告を出したあと、そことのフォローアップでの対話を通じて締約国によって勧告が実施をされ、法改正や研修が行われるという結果に結び付いています。私は、被害者の人権があらゆる価値に優先するとは思っていませんので、被害者の人権が回復しさえすればそれが優れた制度だとは思いませんが、被害者の人権が回復し、なおかつ、人権侵害の再発防止に資する制度はどちらなのかを見たときに、その答えは明らかです。

個人通報制度を日本が導入する意義

　先ほどビデオメッセージの中で山花政務官は、「個人通報に入ることには

２つの意義がある」と言われていたと私は理解しました。一つは、国内の人権の議論を活性化するという国内面での問題点、もう一つは、国外に対して、日本は人権を尊重する国であるという姿勢を明らかにする意義があると言われました。この点は、私も全く同感です。

私は、今年（2010年）が女性差別撤廃委員会委員再選の年でした。岩沢先生も今年選挙があり、トップで当選されています。私はトップではありませんが、無事当選し、来年からさらに４年間委員を務めます。選挙の過程で選挙運動をしたので、各国の選挙担当者と、ニューヨークでいろいろな意見交換をする機会がありました。

今年は、特に、北京女性会議から15周年なので、女性の人権に関心がある人たちにとっては節目の、周年の年です。各国の代表と、「北京会議以降過去15年の間に、女性の人権を巡って世界で起こった最も大きな変化は何だったのか」という話をしました。多くの人権先進国の代表は、「あちら側の勢力、すなわち、宗教的な原理主義や人種的な排外主義が途上国でも先進国でも台頭していることがこの15年の一番大きな特徴で、それが女性の人権の土台を侵食しているのではないか」という意見でした。私もそれは同感です。

それに対抗するには、あちら側の勢力が大きくなっているので、こちら側が法の支配と民主主義を強化していかなければ、その動きは止められません。こういう時代に、日本政府が、毅然として対外的にも、「わが国は、法の支配と民主主義の国です。個人通報制度にもきちんと入っています」と言う必要があります。またそうした中で、先進国グループの中で日本が果たす役割もより大きなものになっていくのだと思います。

以上、簡単ですが、私からの発題とさせていただきます。ご清聴ありがとうございます。

パネルディスカッション

東澤　それではこれから１時間少々、質疑も含めてディスカッションを行います。

今日は、個人通報制度の実現ということで、実現はいいのですが、いったいこれはどういう制度かという疑問があります。先ほど山花政務官から、「注目に値する制度だ」あるいは「これだけの意義がある」と言われましたが、果

たして私どもにどの程度の関係があるのでしょうか。人権の議論を活性化させる、あるいは国際関係で対外的に日本の姿勢を示すと言われても、なかなか胸にストンと落ちてきません。

その点を、実際の実務にあたり、委員会で人権の救済にあたっている岩沢雄司さん、さらに、これまで長年、NGOあるいは研究者の立場から、人権救済の任にあたってきた阿部浩己さんに、ご発言いただきたいと思います。

個人通報制度は、人権にとっていったいどういう意味があるのかという点も私は聞きたいです。ただ、話の内容を私が制約するわけではありません。ご自由に語ってください。

東澤 靖（ひがしざわ・やすし）

自由権規約の個人通報制度

岩沢 2007年に自由権規約委員会委員に就任し、2009年からは委員長を務めています（シンポジウム当時。2011年3月からは副委員長）。今日は委員会を代表してではなく、個人の資格で話をします。

自由権規約の個人通報制度について、ヒューマンライツ・ナウのまとめ（本書12頁）を補足する形で説明します。

ヒューマンライツ・ナウ作成の表1を見てください。一番上の段は、自由権規約と自由権規約選択議定書（個人通報制度）の批准状況を示しています。世界のすべての国が自由権規約や選択議定書を受け入れているわけではありません。規約は国連192カ国のうち167カ国、選択議定書は113カ国が批准しています（2012年1月20日現在では国連加盟国は193カ国、自由権規約批准国は変らず、選択議定書批准国は114カ国）。

ヨーロッパでは、ほとんどの国が自由権規約を批准しています。選択議定書を批准している国も多いですが、イギリスやスイスなど選択議定書を批准していない国もないわけではありません。ただヨーロッパには、ヨーロッパ人権条約（人権及び基本的自由の保護のための条約）に基づいたヨーロッパ人権裁判所があり、個人はこの裁判所に通報を提出できますので、他に通報を提出できる地域人権裁判所がないアジアとはだいぶ事情が異なります。

アジアでは規約すら批准していない国が多く（アラブ首長国連邦、カタール、サ

ウジアラビア、シンガポール、中国、ブータン、マレーシア、ミャンマーなど)、これらの国にはなるべく早く規約を受け入れてもらいたいと思います。アジアでは選択議定書の批准状況はさらに悪く、個人通報制度を受け入れているのは、スリランカ、韓国、トルコ、ネパール、フィリピン、モルディブ、モンゴルにとどまります。実際に通報審査が行われているのは、韓国、フィリピン、ネパール、スリランカくらいです。

自由権規約委員会は18人の個人資格の専門家によって構成されています。国際法・国際人権法・憲法専攻の学者が約半数を占めます。裁判官出身の委員が5人います(最高裁判事、憲法裁判所判事、元行政裁判所判事、元最高裁長官2人)。その他は、外交官、政治家、国内人権委員会委員などです。個人通報審査が委員会の重要な任務であることもあって、自由権規約委員会の委員の大半は法律家です。その点が他の人権条約機関と異なります。

表2は、自由権規約の下での通報件数を示しています。通報の係属件数は、今は300件あまりと思いますが、多くなりすぎると問題なので注意が必要です。新規登録件数はだいたい年100件前後で推移しています。委員会の処理件数も年100件くらいです。世界で国連加盟国が192カ国、選択議定書を受け入れている国だけでも100カ国以上ある中で、年100件は少ないように見えるかもしれませんが、提出されても登録に至らない通報がこれ以外に相当数あることに注意が必要です。いずれにしても委員会は、限られた時間、財政資源、人的資源などの厳しい制約の下で任務を果たすべく努力しています。

1977年に個人通報制度が発効してからこれまでに、約2,000件の通報が登録され、そのうちの500件以上が不受理とされ、受理された中で違反が認定されたのが500件以上あります。30数年の委員会の存在期間に2,000件の通報が登録されたのを多いと見るか少ないと見るかは、見方や人によって違う

表1 (ヒューマンライツ・ナウ作成)

個人通報制度の批准状況

条約	条約批准国	個人通報制度批准国	批准方法
自由権規約	167	113	第1選択議定書の批准
女性差別撤廃条約	186	100	選択議定書の批准
拷問禁止条約	146	62	条文第22条を受諾
人種差別撤廃条約	173	53	条文第14条を受諾

・2010年11月末現在(国連加盟国数192か国)
・日本は、いずれの条約についても個人通報制度を批准していない

表2 (ヒューマンライツ・ナウ作成)

個人通報処理件数(自由権規約委員会)

年度	新規登録件数	終結件数	審査未継続件数(12月31日末現在)
2006	96	109	296
2005	106	96	309
2004	100	78	299
2003	88	89	277
2002	107	51	278
2001	81	41	222
2000	58	43	182

・1977年から83カ国を相手国として、1888件の通報が登録
・見解が採択された681件のうち、543件について違反認定
・533件が不受理、264件が取り下げ等により終結、410件は審査中

▶▶ Report of the Human Rights Committee ,A/64/40 (Vol.I), para99,106より引用

かもしれませんが、相当の数にのぼることは事実です。

　個人通報審査は、裁判ではありませんが、裁判類似の手続によって行われます。口頭手続はなく、書面手続だけで結論を出します。当事者が委員会に出す書面の構成、当事者の主張のしかた、書面を相手方に送付しコメントを求める手続など、書面手続はかなり裁判に近いものです。委員は、自分の出身国が関係している通報の検討には加わりません。したがって、日本が選択議定書を批准して、日本が関係している通報を委員会が検討するときには、日本出身の委員はその検討には加わらないのです。

　死刑の執行や拷問を受けるおそれがある国への追放など、通報者が回復不能な損害を受けるおそれがあるときは、委員会は、国に死刑執行の停止や追放の停止などの暫定措置をとるよう要請します。暫定措置は選択議定書には明文の定めがなく、自由権規約委員会が手続規則で定めたものです。締約国が暫定措置に従わなかったときは、委員会は、選択議定書に基づく義務の違反と強く非難します。社会権規約や児童権利条約の選択議定書など、最近作られた個人通報選択議定書には、暫定措置が明文で定められています。

　委員会は通報を審査した後に「見解 (Views)」を出し、委員会の判断を示します。委員会の見解は、「通報者が主張する事実」、当事者の主張、受理可能性の決定、本案に関する認定という構成になっています。事実は、「通報者が主張する事実」である点に注意してください。本案に関する認定は、規約違反の有無に関する委員会の判断を示す部分です。委員会は、規約の規定に照らして規約違反があったかどうかをもっぱら法的観点から判断します。委員は、反対意見や補足意見（結論に賛成するが理由付けが異なる場合などに付すもの）を付けることもできます。このように委員会の「見解」は、法的拘束力があるわけではありませんが、裁判所の判決にかなり近い体裁をとります。

　個人通報審査は非公開の会合で行います。ただし委員会は、不受理決定や見解を国と個人に送付した後は、国連のホームページや年次報告で公表しています。

受理可能性審査

岩沢　図1は、通報が提出されてから委員会が見解を出すまでの流れを説明しています。まず登録という高いハードルがあります。通報は国連に提出しますが、明らかに受理要件をみたさない通報は、そもそも登録されません。

図1　通報から見解まで（自由権規約委員会）

（ヒューマンライツ・ナウ作成）

個人通報の提出
- 通報の主体は自由権規約上の権利を侵害された個人
- 通報時の国籍・所在地にかかわらず、被害を受けた時点で、締約国の管轄下にあればよい
- 各人権条約機関の事務局を担う国連人権高等弁務官事務所（OHCHR）に提出

規約事務局の審査
- 通報の形式的審査
- 通報者の氏名、住所、通報の相手国、通報の目的、援用する規約の条文、主張事実など
- 不備がある場合は補正を求める
- 形式的要件をみたさない通報は、通報として正式登録されない

新規特別報告者
- 通報を登録するかどうか審査
- 委員会の審査に先立ち追加情報を求めるかどうか、受理可能性の審査と本案審査を切り離して行うか検討
- 相手国に当該ケースを送付し、所見を求める
- 緊急の暫定措置の要請

報告者の任命
- 委員会がケースを担当する報告者を任命
- 相手国及び通報者からの情報
- 報告者は、関連情報を検討し、通報作業部会に対して、通報の決定案を提出

通報作業部会

全体会議
- 作業部会からの勧告を受けて、全体会議で最終決定
- 不受理
    →決定を書面で採択
- 受理可能性あり
    →本案の検討
    →規約違反の有無の認定（見解）

見解（Views）
- 本案審理に対する委員会の見解（Views）
- 規約違反の認定
    →併せて救済措置

図2　　　　　（ヒューマンライツ・ナウ作成）

```
受理可能性及び本案の審査
▶ 受理可能性(admissibility)の審査
  ①国内救済措置を尽くしていること
  ②他の国際的手続きに係属していないこと
  ③人的管轄（通報者の適格）
  ④事項的管轄（自由権規約上の権利侵害があること）
  ⑤時間的管轄（遡及適用は認められない）
  ⑥領域的管轄
▶ 本案の審査
  通報者の主張する権利侵害が自由権規約に違反するか
```

これまでに約2,000件の通報が登録されていますが、国連にはその何倍もの通報が寄せられています。登録が相当高いハードルなのです。

図2を見て下さい。登録された通報は委員会によって審査されますが、通報審査には「受理可能性審査」と「本案審査」の2段階があります。受理可能性と本案を1度に審査して結論を出すのが原則ですが、2つを分離して、受理可能性のみ先に判断することもあります。受理可能性審査は、技術的で細かいですが、実務的にはとても重要です。通報がこの段階をクリアできずに、いわば門前払いされると、本案審査、すなわち違反の有無に関する実体判断にまでたどり着けません。

ここでは受理可能性の要件のうち、重要なものを簡単に説明します。まず「国内救済完了」という要件があります（選択議定書5条2項(b)）。国内救済措置を尽くさなければならないというもので、とても重要な要件です。個人通報手続は、国内で裁判をやったが勝てなかった、最高裁まで争ったが敗訴したという人が、国際的平面に出て行って、条約機関の判断を仰ぐことを想定しています。ですから、国内救済措置を尽くさずに通報を提出しても、受理されません。自由権規約委員会では、国内救済未完了の抗弁は国が提起しなければならないという重要な慣行が確立しています。国が抗弁を怠ると、委員会は国内救済未完了を理由に通報を不受理にすることはしません。国は国内救済未完了の抗弁をするときには、利用し得る国内救済措置を具体的に示す必要があります。尽くさなければならないのは「利用し得る」国内救済措置です。利用し得ない救済措置は尽くす必要はありません。また、救済措置は「効果的」でなければならないことも判例で確立しています。効果的でない国内救済措置は尽くす必要がありません。救済を得られる合理的な見込みがなければ、効果的な救済措置とはみなされません。国内救済措置が不当に遅延する場合も、尽くさなくてよいとされます。

国内救済完了という要件は、通報者が地裁、高裁、そして最高裁まで争ったかどうかだけでなく、通報者がその主張を国内平面で行ったかどうかを問うものでもあります。つまり、国内救済未完了は、通報全体だけでなく、個々

の主張ごとにも問題にされるのです。例えば、通報者が差別と主張しているが、国内では差別という主張は一切していなかったという場合は、差別という主張につき、国内救済を尽くしていないと判断され、通報のその部分（主張）が不受理とされます。ただ、通報者が法の下の平等を定める自由権規約2条や26条を国内で援用したことを要求されるわけではありません。同じく法の下の平等を定める憲法14条に基づいた主張を行ったのでもかまいません。とにかく、委員会の前で差別を主張するには、国内でも差別を主張していなければならないのです。

　もう一つ重要な受理要件に、「十分な立証」という要件があります。実務上多用されていて、とても重要な要件です。これも主張ごとに検討されます。十分に事実を説明していなかったり、単に規約の規定だけをあげ、なぜその規定に違反するかの主張を展開していなかったり、証拠を提出していなかったりすると、通報のその部分（主張）が、十分に立証されていないとして不受理にされます。その主張は、受理可能性段階で不受理とされ、違反の有無に関する実体的判断の前に却下されることになります。この十分な立証という要件は選択議定書に明示されてはいませんが、委員会はそれを選択議定書2条に基礎づけています。通報者が人権侵害の被害者であることを十分に立証していないので選択議定書2条に基づく訴えとはいえないというわけです。女子差別撤廃条約、社会権規約、児童権利条約の選択議定書など、最近作られた個人通報選択議定書には、十分な立証という受理要件が明文で取り入れられています。

　「時間的要件」は、通報は当該国につき選択議定書が発効した後に生じた事実を対象としていなければならないという要件です。ただし、人権侵害がその時以後も継続している場合は、「継続的侵害の法理」により通報を受理できるという慣行があります。時間的要件も議定書には明示されていませんが、実務上とても重要な要件です。最近作られた個人通報選択議定書には、時間的要件も明文で取り入れられています。締約国が「通報の対象となる事実が選択議定書の発効前に生じたものであるときは委員会は通報を受理できない」という留保を付している場合は、委員会は、継続的侵害に該当する場合でも留保の有効性を認めて通報を不受理にしています。

　「事項的要件」は、通報は自由権規約に定められた権利の侵害を主張しなければならないという要件です。規約に定められていない権利の侵害を主張す

る通報は、その部分（主張）が「規約の規定に両立しない」とみなされ不受理とされます（選択議定書3条）。例えば、財産権は、世界人権宣言には定められていますが、自由権規約には定められていません。そこで、財産権侵害の主張は、規約の規定に両立しないとして不受理にされます。

「通報権の濫用でない」という要件もあります（選択議定書3条）。実際に問題になるのは、通報を提出するのが遅れた場合です。国内救済完了後あまりにも遅れて提出された通報は、通報権の濫用として不受理にされます。これも判例で確立しています。委員会は2010年に手続規則を改正して、国内救済措置の完了から5年（又は他の国際的解決手続の終了から3年）経過した後に通報が提出されたときは、通報権の濫用を構成しうるとの規則を定めました。

「同一の事案が他の国際的解決手続によって検討されていない」という要件もあります（選択議定書5条2項(a)）。ヨーロッパ人権裁判所など地域人権機関に同一の事案が係属している場合がこれに当たります。人権理事会の申立手続（以前の1503手続）は、ここでいう他の国際的手続には当たらないとされています。また、同一の事案につき他の国際的解決手続が検討を終了した（たとえばヨーロッパ人権裁判所が訴えを棄却した）後は、委員会が通報を受理することは妨げられないとの解釈が確立しています。ただし、ヨーロッパの多くの国は、自由権規約選択議定書を批准する際に「委員会の権限は他の国際的解決手続がすでに検討した通報には及ばない」という留保を付しています。国がそのような留保を付している場合は、委員会は、留保の有効性を認めて、他の国際的解決手続がすでに検討した通報も不受理にしています。

通報者は人権侵害の被害者でなければなりません（選択議定書2条）。抽象的に人権侵害を主張する民衆訴訟のようなものは受理されません。通報は人権侵害の被害者本人が提出する必要がありますが、本人が拘禁されているなど自ら通報できない状態にあるときは親族が通報を提出することもできます。書面の委任があれば、代理人が通報することもできます。

本案審査

岩沢　受理可能性をクリアすると、本案審査に移ります。委員会は、書面で提出された情報に照らして、国が規約に違反したかどうかを検討します。挙証責任は第一義的には通報者にありますが、通報者が一応の証明をしたときは、挙証責任が転換し、国が反証する責任を負うことになります。

通報者は委員会の先例をよく調べ、委員会の規約解釈にのっとって規約違反の主張を展開することが重要です。例えば、自由権規約26条は法の下の平等（差別の禁止）を定める重要な規定ですが、この規定の下で差別を主張するには、委員会の解釈に沿って主張を展開する必要があります。委員会は先例によって、26条の下で差別の有無を判定する基準及び判断枠組を確立させてきました。それによれば、すべての区別が26条に違反する差別となるわけではありません。「立法目的が正当であって、区別が合理的で客観的な基準に基づいている」場合には差別ではないとされます。同様のことが一般的意見18号（1989年）にも書かれています（13項）。ヨーロッパ人権裁判所も同じような基準及び判断枠組を用いていますが、ヨーロッパ人権裁判所は区別の合理性・客観性のテストは、区別と目的の比例性（区別が目的との関係で均衡がとれているか）に関する判断を含むとしています。自由権規約委員会は、「比例性の原則」が規約26条に適用されるかについてはっきり述べていませんが、適用されると考えることもできないわけではありません。通報者は規約26条に関するこのような基準及び判断枠組を理解し、それにのっとって主張を展開することが重要です。

　委員会は、先例を尊重し解釈の一貫性に注意しながら、国が規約に違反したかどうかの認定を行います。ただ、権利の基本的性格や国際的な意見の変化などを指摘して先例を変更した例はないわけではありません。

　自由権規約委員会は「第四審ではない」という考えから、「事実及び証拠の評価は国内裁判所の役割である」ことを繰り返し述べています。従って、委員会が、国内裁判所が行った事実や証拠の評価をやり直すことは、原則としてありません。国内裁判所による事実と証拠の評価が明白に恣意的であるか正義の拒否に該当する場合にのみ、委員会は規約の違反を認定します。

岩沢雄司（いわさわ・ゆうじ）

救済措置

岩沢　規約違反を認定したときは、委員会は、通報者に救済措置を与え、将来類似の侵害が発生しないことを確保するよう、国に求めます。委員会は「効果的な」救済措置を与えるよう求めるのが原則で、国に裁量の余地を残しま

す。ただ、「効果的な救済措置」を与えるという要請の後に「〜を含む」と具体的救済措置を摘示するのが普通です。損害賠償の支払い、裁判のやり直し、刑の減軽、釈放などの具体的措置を摘示します。

　法改正を摘示する場合もないわけではありません。それが先ほどの林陽子先生の話につながります。委員会のそのような勧告を受けて、国が法改正を行い、制度自体を変えることもないわけではありません。このように救済措置は、通報者個人だけでなく、関係者全体に及ぶこともあります。

フォローアップ制度

岩沢　委員会はかつては、見解を出したらそれで個人通報手続は終了すると考えていました。しかし、国が見解を実施したかどうかを監視するのが重要なので、1990年に見解の実施を追跡して監視する制度を導入しました。フォローアップ制度と一般に呼ばれています。

　委員会は規約違反を認定したときは、国に対し180日以内に見解を実施するためにとった措置について報告するよう求めます。これに応じて国が提出した情報に対して、通報者はコメントする機会を与えられます。国と通報者がこのような形で提供した情報は公開されます。委員会は、委員の中から見解フォローアップ特別報告者を任命します。特別報告者は適宜、国と接触し、見解の実施について協議します。特別報告者は、会期ごとに委員会に、締約国が提出した情報や通報者のコメントなどをまとめたフォローアップ報告書を提出します。その中で国が提出した情報を要約し、その情報や国が見解実施のためにとった措置を評価し、委員会に対して対応を提案します。委員会はその報告書を公開会合で審査し、対応を決定します。国が見解を実施すれば、フォローアップ手続は終了します。実施されていない見解は、対話継続中としてフォローアップ手続に残されるのが普通です。委員会はそのような結論を含む報告書を採択し、それが年次報告書に転載されます。委員会は国家報告審査の際にも、見解の実施について情報提供を求めます。このようにフォローアップは、見解の実施を促す重要な制度です。

　人権条約機関の中でフォローアップ制度を最初に創り出したのは、自由権規約委員会です。通報を実際に処理している自由権規約委員会、拷問禁止委員会、人種差別撤廃委員会、女子差別撤廃委員会の４つの条約機関は、いずれも見解に関するフォローアップ制度をもっており、それらは類似してい

ます。最近作られた社会権規約と児童権利条約の選択議定書には、フォローアップ制度が明文で取り入れられています。人権条約機関の委員長は、フォローアップ制度の統一を図るべく、委員長会議を通じて協議を行っています。

個人通報制度の意味

岩沢　委員会の見解は、国が実施すれば、通報者の救済につながります。法改正が行われますと、もっと広い範囲の関係者の法的状況が改善されます。このように個人通報制度は、締約国の人権状況に具体的改善をもたらすことができます。他方で、個人通報制度は、条約の履行確保という観点からも重要な制度です。条約が国内できちんと履行されることを確保するために、人権条約は国家報告制度を備えています。国が個人通報制度を受け入れていれば、国家報告制度に加えて、個人通報制度が条約の履行確保のために使えるようになります。個人からの具体的な通報の審査を通じて、条約の履行確保を図ることができるようになります。

東澤　ありがとうございました。岩沢さんの話は、近い将来、個人通報制度を日本が導入すれば、第1号の申立てをやろうと手ぐすねを引いている弁護士やNGOにとっては非常に貴重な話です。最後に付け加えてもらった、通報制度の人権に与える意味を含めて、本当に貴重な話でした。

日本の裁判のあり方が変わる

東澤　次に、阿部浩己さんに市民の立場からご発言いただきます。阿部さんとは、数年前に、ある法律雑誌で個人通報の実現ということで対談を行いました（「座談会・国際人権救済申立手続の現在」法律時報77巻12号〔2005年〕）。そのときに、自由権規約委員会の前委員の安藤仁介さんにも来てもらい、とにかくどういうかたちで実現したらいいか、なぜ必要なのかを熱っぽく長時間語った記憶があります。その再現で、非常に熱っぽい話が聞けると思います。阿部さん、よろしくお願いします。

阿部　ありがとうございます。今日、国際会議があったジュネーブから帰ってきて、少し熱っぽいのは確かです。私の話は、岩沢さんのお話と重なる部分が大きいので、市民の立場から言い直すとどういうことが言えるか、どうなるかを短めに3点話します。

まず1つめです。個人通報の受理要件が記されている図2（本書52頁）を見てください。岩沢さんも先ほど、この中で重要なところを非常に的確に話されました。中でも、「国内救済措置を尽くしていること」は、個人通報制度を導入することによって日本の中が変わっていくという意味でも、非常に意義深い要件です。個人通報をするためには、国内で救済を尽くしていなければいけないのですが、それは、国内の段階で、条約の内容を意識した主張をしていなければならないことを意味します。

一審、控訴審、上告審と進んでいく中で、条約の要請に適合した主張をいっさい行わず、個人通報する段になって初めて条約違反であると主張しても、国内救済措置を尽くしていないとして、受理されないおそれがあります。従って、国内の裁判では、個人通報を意識したかたちで主張・立証がなされていく必要が出てきます。そういう主張を裁判で怠ると、個人通報をしても却下されるかもしれませんので、これは、弁護士なら職業倫理にかかわる重大な過誤とみなされるかもしれません。人権を担う法曹が裁判で争う場合は、人権条約を意識した主張が求められていくことになるでしょう。

そうなると、裁判官もまた条約をきちんと意識した判断を求められることになります。日本の裁判官たちは優秀な専門家集団ですので、例えば自由権規約委員会や女性差別撤廃委員会の先例を注意深く検討し、必要な先例を踏まえた条約解釈を行う可能性が広がります。

つまり、国内救済措置を尽くすということは、日本の裁判の在り方が変わるということ、具体的には、裁判の中に条約についての主張や判断が的確に組み込まれる余地が広がるということです。

メルボルン事件の例

阿部　国内救済措置に関して、一つの事例を紹介します。日本はまだ個人通報制度に入っていませんが、オーストラリアを相手に日本人がこの制度を利用したことがあります。日本からクアラルンプールを経由してオーストラリアのメルボルンに到着したときに、持っていたかばんの中にヘロインが入っていたことを理由に日本人観光客5名がオーストラリアで起訴され、結果的に懲役15年から25年（控訴審で20年に変更）という極めて長期の刑を言い渡されるという事件がありました。

5名の人たちが有罪判決を受けた背景には、裁判に至る前の捜査段階か

ら、通訳がいいかげんで、正確なコミュニケーションが成り立っていなかったという事情がありました。

これは大変だということで、個人通報して、「公正な裁判を受けられなかった」と主張したのですが、自由権規約委員会は、オーストラリアの国内裁判の段階で、適切な通訳を保障されなかったことについてきちんと争っていなかったことなどを理由に、訴えを却下しました。この事件を担当したオーストラリアの弁護士の責任は大変重いです。

日本が個人通報制度を導入した場合に、このような事件は日本の中でも当然予想されます。日本にいる外国人が適切な通訳サービスを受けられずに刑事罰を受けるというケースです。その場合にメルボルン事件のような過ちを犯さないためにも、条約についての理解をとりわけ法曹の間で深めていくことが必要になります。

阿部浩己（あべ・こうき）

「時の壁」をどうやって突破するか

阿部　2点目は、同じく受理要件で岩沢さんが指摘された、「時間的管轄」の問題です。日本が実際に個人通報を利用できるようになった場合に、どんな事件がその対象になるのか。

日本は1979年に自由権規約を批准しています。そして選択議定書が、相当な希望を込めてというべきかもしれませんが、2年以内に批准されるとしましょう。では1979年に本体の条約に入り、2012年に選択議定書に入るとすると、いったいいつの時点以降の事件を個人通報できるのか。原則的には、2012年以降です。では、2012年より前に起きた自由権規約違反事件、あるいは、1979年より前に起きた人権侵害は、通報できないのでしょうか。

この「時の壁」をどうやって突破していくかというのは、国際人権活動にかかわっている全世界の人々の極めて大きい関心事であり、近年、それを突破するための法理が活発に議論されています。

例えば、民法の差別的な規定が改正されないままに個人通報制度が利用できるようになった場合、それは先ほど岩沢さんが指摘された「継続的侵害」という法理を用いて、人権侵害が続いているので通報ができるというように

構成します。

　他方、例えば、拷問が選択議定書に入る前に1回だけ行われたような場合には、原因行為は選択議定書に入る前に終わっているのですが、選択議定書に入ったあとに損害賠償請求の裁判を起こし、裁判所においてきちんと拷問についての判断が下されなかったということであれば、選択議定書に入って以降に裁判所という国家機関が拷問を認めたという理屈を用いて、時の壁を突破するような主張を構成することもありえないわけではありません。あるいは、拷問は既に選択議定書に入る前に終わっているが、その調査や責任者の訴追という義務はずっとあり、選択議定書に入ってから、その調査・訴追義務が履行されていないということをもって訴えを提起するというかたちで、時の壁を突破する法理も開発されています。

　このように、選択議定書に入るのが2012年であったとしても、それ以前の人権侵害を全く扱わないということではなく、継続していることが明らかであればもちろん扱えますし、途絶えているように見えるものであったとしても、今言ったような法理を用いることによって個人通報の主張を構成していくことができます。

　このような理論が世界的に議論されてきており、日本でもそれをさらに洗練することによって、過去の重大な人権侵害を人権条約機関に認めてもらうことが可能になっていくかもしれません。これは、極めて大きいインパクトを持つものです。

グローバルな憲法秩序へ

阿部　最後に3点目は、人権のレベルでもグローバルな憲法秩序が世界的に作り上げられてきているということです。世界には、一つの憲法はありません。しかし経済の分野だけでなく、人権の分野でもある種、グローバルな秩序が作られてきています。自由権規約委員会や女性差別撤廃委員会は、それをリードしています。この秩序の中に日本が入ることが重要です。山花さんが言われていた2つの意義のうちの2点目になるのかもしれません。内外に人権尊重の姿勢を表明していくことの重要性を言われていましたが、それに連なることです。つまり、グローバルに構築されつつある人権秩序の中に日本が参入していく、積極的に参加していくということです。そうすることによって、より公正な人権秩序を導いていくことができます。それを実際に

行っていくすべとして、個人通報があります。

　日本国内の人権問題を個人通報に付すことによって、グローバルな人権秩序の構築に寄与するという意味で、国内と国際が連結されていきます。日本社会の中の営みが、国際社会の営みそのものになることを実感できるようになるのが、個人通報手続なのです。

東澤　ありがとうございました。阿部さんの話には、いつも元気付けられます。司法を変えるかもしれない。時の壁を越えるかもしれない。そして、グローバルな憲法秩序を。非常に力強い話です。

　一方で、弁護士が下手なやり方をすれば、弁護過誤になるかもしれないという非常にきつい警告も発してもらいました。

個人通報制度導入はどの程度進んでいるのか

東澤　個人通報制度に入る意味については尽きせぬ思いがありますが、ここで、現状がどうなっているのか、そして、個人通報制度を実現していくにはどうしたらいいのかという観点からの話も聞きたいと思います。

　「マニフェストに書いてあったのに、民主党は何をやっているんだ。全然進まないじゃないか」という非常に厳しい意見もありますが、私はそれでも前進していると思います。その前進の大きいものの一つは、外務省の中に人権条約履行室が設置されたことです。これは、非常に大きなことです。日本が人権条約を推進していくための一つの受け皿ができたということです。初代室長の松浦純也さんから、履行室がどういうものか、さらには個人通報制度について政府部内でどういう取組みが今進んでいるのかを報告してもらいます。

松浦　今、ご紹介にあずかりました、人権条約履行室長（シンポジウム当時）の松浦です。今日はこういう機会にお招きいただいて、ヒューマンライツ・ナウをはじめ、皆さん、ありがとうございます。

　個人通報制度を日本がどうしていくべきかという問題に関して一番大切なことは、国民的な議論がどれだけ深まるのかということです。その意味で、こういう会合は非常に意味があります。私も、初代の人権条約履行室長として、こういう場に出て議論を盛りあげることが使命と思っており、皆さんとも協力して参りたいと思います。

　先ほども山花政務官が「各方面のさまざまな意見を踏まえつつ、個人通報

松浦純也（まつうら・じゅんや）

制度については真剣に検討しています」と話をされていました。各方面のさまざまな意見を踏まえつつという言葉の含むところは大きいです。これを乗り越えていくためには、いろいろな議論を活発にしていくことが必要です。

　先ほど林さんが言われていた女性差別との関係で、「あちら側の勢力が大きくなってきた」という話を私は非常に興味深く聞きました。私の質問ですが、「あちら側」の勢力が大きくなってきたかもしれないというのは、林さん、日本にも当てはまると思いますか。

林　それは、そう思います。今月（2010年12月）採択予定の第三次男女共同参画基本計画の策定の途上などでも、必ずしも市民社会が要求する内容が計画の中に入らないということは、それに反対する勢力に対する政権の配慮があり、どこかで妥協しているという現状があると思います。

日本の法制度の中で制度は履行できるのか

松浦　わかりました。

　これまで諸先生のお話は、委員の視点からの話、市民の立場からの話でした。私に期待されているのは、たぶん、官僚の視点からの話だと思いますので、その視点からの話をします。つまり、「おまえたちは何を検討しているのか」という問いに対して答えて参りたいと思います。

　大きく分けて、私どもは、この制度に関して2つの点を検討してきました。1つは、まず、選択議定書に書いてある条文の一つ一つが、日本の法律の中できちんとでき得るか、あるいは、もしかして法律を変えなければいけないかということです。

　条約の中には、この条約に批准した国は、その国の管轄内に属する、基本的にはその国の国民あるいはその国の領域内に住んでいる外国人が、その国を相手に人権侵害を訴えることを認めなさい、そしてその訴えが出てきたときには、きちんと委員会との間でいろいろな書類のやり取りをしなさいということ、そして、それについてはいろいろフォローアップをしなさいということが、いろいろ書いてあります。

　こういう一つ一つのことが日本の法制度の中で遵守できるのか。今の日本

の法律に基づいていろいろな役所があり、役所はそれぞれの仕事をつかさどっていますが、その役所の業務の範疇でできるのか。あるいは、できないのであれば、何か他の方法で可能なのか。あるいは、法律を作る必要があるのかという観点です。

この点について実は、ほぼ結論は出ています。答えは、そこは、日本の法律を今変えなくとも対応は可能だということです。既存の法律で定められた範囲で工夫して業務として対応できる、法律を変える必要はないということで、ほぼ大丈夫だと私どもは考えています。もちろん、それで終わりだという政治的な決着、決断が今できているわけではありませんが、私どもは技術的にはそう考えています。これが1点目です。

制度はどのような影響を日本国内に与えるのか

松浦 2点目の検討は、実際に日本が個人通報制度を受け入れた場合に、どういう影響が生じうるかを具体的に考えることです。今日、ここに集まっている多くの弁護士の方々も、「個人通報制度に入ったら、あれとこれとこれをやろう」と考えておられると思います。私どもも、「制度に入るとどんな個人通報が出るか楽しみだ」と考えているだけではありません。そこまで呑気ではなく、こういうもの、ああいったもの、あるいはこの様なものが出るだろうということは検討していますし、それらが具体的に出された際に委員会がどういう判断を出すかについて予測をしております。委員会は、これまでいろいろな先例をほかの国との間でやってきているので、大体応用が利きます。大体似たような事件でこういう判断が出ているので、日本について、例えば、今、最高裁まで争って国が勝訴している案件があるが、これと似たような案件で委員会に持っていった場合に、もしかすると委員会はこういう判断を出すかもしれないという予想が可能です。

それについて、私どもは、いくつか検討を加えたうえで、どういう影響がわが国にあり得るのかを検討しているわけです。委員会の意見のとおりに私どもが制度を変える必要があるのか、そこはもう少し議論を深めていくのか、あるいは、委員会の判断についてしっかり反論していくのか、それらについて具体的に検討していくことが2点目の部分です。

現在、私ども政府部内、官僚の中で検討していく中では、この2点目の検討が相当程度の比重を占めています。ただ、それらについても、おおよその

ところ大体論点は出尽くしたと思っています。いろいろ出た議論を踏まえたうえで、では今後、線を一歩越えるのか越えないのかの判断にはまだ至っていないというのが現状です。

ネックとなっているのは何か

東澤 ありがとうございます。松浦さん、一言だけ聞かせてください。何がネックで最後の一歩が行けませんか。聞いてはいけない質問ですか。

松浦 そうですね、聞いてはいけない質問かもしれません（笑）。技術的に、これがネックで越えられないという部分はありません。総合的にいろいろなことを判断したうえで、これに入ることが日本として利になるのか、あるいは、利でないのかという、そこの判断です。

せっかくなのでもう少し話をすると、何が利になるかは、先ほどから皆さんが何回か言及された、山花政務官が言われた2つの意義が、今現在、政府部内で整理している利のほうです。つまり、これに入ることによって、日本国内における人権状況を巡る議論が活発になる、豊かな議論に結び付くという、要するに日本国内のためというのが、1番目です。

2番目は、それは、巡り巡って国際社会全体の人権向上に結び付くという点です。日本がほかの国の人権に関して、「何かおかしい」と言うときにも、「何を言っているんだ、おまえのところは……。俺たちは、個人通報に入っている」と言われないようにすることも一つです。何よりも国際社会の個人通報制度を含めた人権制度全体を発展させることに寄与するという点が2点目です。

入ることによるマイナスの点は、いろいろな人のいろいろな見方によりますが、例えば、日本国内では、そもそもきちんと裁判所が人権を擁護するかたちで正しい判断をしているにもかかわらず、何のためにこれに入らなければいけないのか。なぜ、日本の国内の状況もよくわかっていない外国人に、いろいろ言われなければいけないのかという見方も存在しています。

東澤 わかりました。恐らくもう少し突っ込むところがあると思いますが、あとで皆さんの質問に期待します。ありがとうございました。

市民社会も対立を乗り越え連帯を

東澤 では、ずっと話を聞いてもらった林さん、いろいろ話したくなったと

思います。今までの話を聞いて、林さんは、委員の立場もありながらも、個人通報制度の実現には非常に積極的なスタンスで発言してこられています。その立場から、今、もう一歩踏み出すためには、いったい何が必要か。今、個人通報に現実にはまだ入りきれていませんが、その障害があるとしたら、いったいどういうかたちで乗り越えていけばいいのかということも含めて、今までの話に対するご意見をお願いします。

林 時間が迫っていますし、私は、ぜひ会場の皆さんとの時間を取りたいので、ごく短く感想めいたことを言います。

私は、今まで個人通報制度への参加が実現していないのは、日本政府の人権政策の後進性が一番大きな原因だったと思いますし、大変上から目線の言い方ですが、議員もあまり勉強していません。だから、個人通報制度、選択議定書と言っても、それを理解して市民のために一生懸命汗をかいてくれる国会議員が非常に少なかったという問題があります。

では、市民社会の側に全く問題がないかというと、そうでもありません。もちろん私たちの力が小さいとか、連帯する力が弱いとかがあります。日本の人権問題には死刑制度、天皇制、被差別部落問題などいろいろタブーがあり、何か間違ったことを言うと手ひどい批判を受けるのではないかと考えて、運動に参加しない人もいると思います。

あるいは、今日ここに来ている人は私よりうんと若い世代なので、昔の55年体制を知らないかもしれませんが、かつてはたとえば労働運動の内部でも社会党系、共産党系、新左翼系といろいろな分裂があり、何かを一緒にやっていくのは非常に難しく、また、そういう分断を権力の側は利用してきました。

だから、そこを乗り越えて、新しい世代が一遍そういうものを壊したうえで新しい運動を作らないと、選択議定書の批准はできないと思います。今、そういう条件は日本の社会に備わってきましたので、諦めないでやっていきましょう。

幅広い議論を

東澤 力強くまとめてもらってありがとうございました。

実は、この会場の中にはこの問題について非常に鋭い問題提起をしてくれるのではないか、あるいは、これまでの知見に基づいていろいろな示唆をも

らえるのではないかと思われる人たちが来られています。

　まず、元最高裁判事の園部逸夫先生、最高裁の立場からすると個人通報制度はどうなのか、ぜひ聞きたいことなので、一言お願いします。

園部　今日は、何といってもヒューマンライツ・ナウの主催であり、かつ、前進前進で進んできた人たちばかりの集まりなので、話が「よいしょ、よいしょ」になるのは仕方がありません。

　私の立場から一言言うと、まず、最高裁判所や法務省では、日本の憲法は世界に冠たる憲法であって、その憲法の中に国際法に規定されていることは全部規定されている、従って国際法を直接適用しなくても憲法だけでやっていけるという考え方が、ずっと長く続いてきました。この背景には、日本は戦後、立派な、いわば憲法裁判所を取り込んだ新しい制度を入れたということで、だいぶ張り切ってやってきたということがあります。従って、国際法の規定を直接適用することについては理解もできないし、かつ、抵抗もあったというのが率直なところです。しかし、30年間もこの問題についてそっぽを向いていたのはいったいどういうわけか、これは根本的に考えていかなければなりません。

　この憲法と国際法の関係については、憲法がまずありきで、その次に国際法というのではなく、憲法と国際法は全く同順位で適用されなければならないものだという考え方を持つことが必要になってくると思います。

　もう一つ申し上げたいのは、こういう問題を取り扱うときに、まず、国民的な議論をどうしても高めなければいけません。ここで皆さんが理解している事柄は、恐らくまだ、多くの国民には何のことか理解できない状態にあるのだと思います。にもかかわらず極めて専門的な議論が進んでいくと、どうしても話が浮いてしまい、どうしてそんなことをわざわざやらなければならないのかということになります。

　少し話が横に飛びますが、私は２年ほど前にフランスに用があって行きました。駐仏日本大使に「最近の問題点は何ですか」と尋ねると、「日本の大使としてヨーロッパの大使とのいろいろな集まりに出ると、最初に言われるのは『日本は文明国であるにもかかわらず、まだ死刑制度を維持している。これはいったいどういうことか。私たちヨーロッパは、もう全部廃止している。ロシアですらも停止している』ということです」というのです。

　しかし、これは、そう言われれば確かにそうです。この間までギロチンで

死刑を執行していたフランスが廃止したというわけですから、それは大変なことになっていますが、日本までそういう情報は必ずしも届いていません。また、日本には日本の東アジア的な発想があり、そう簡単に死刑を廃止できないという問題もあります。やはりそこに文化や歴史の違いもあり、いろいろなものがあって、ヨーロッパで発達しているから必ず日本が受け入れなければならないとみんなが考えてくれるかどうかが非常に大事なことです。

これは死刑に関することに限ったことではありません。ヒューマンライツ・ナウをはじめ啓蒙的な団体が、憲法と国際法と最高裁判所との関係などについて、日本の国民にそういう世界的な状況などをいろいろなかたちで教育をし、また知識を広めてもらう必要があります。専門家と有識者ばかりでやっていると、その中の議論では調子のいいことばかりになっても、それだけでは実際には、なかなかあと２年間でこれが批准されるようになるまでには至らないと思うのです。

以上が私の率直な感想です。どうも失礼しました。

東澤 ありがとうございました。無理やりマイクをお向けしたにもかかわらず、国民に納得される議論になっているのかという非常にぴりっとした点を指摘していただきました。まさに本当に私どもが考えていかなければいけない点です。

もう一人だけ、一言話してもらいたい人がいます。弁護士の海渡雄一さんです。日弁連の事務総長という、政府で言えば官房長官に当たるような仕事を引き受けて、大激務で本当に忙しいのですが、今日、駆けつけてもらいました。どうぞ一言お願いします。

海渡 私は、地べたをはい回って刑務所改革をやって何とか法律改正にこぎ着けましたが、このときのキーワードが国際人権法でした。

もう20年ぐらい前に、「子どもとの面会が刑務所でできない」というすごくひどい監獄法施行規則がありましたが、「それはおかしい」と言って訴えると、園部先生に最高裁で無効判決をいただいて、この世界にはまった感じがします。

日弁連では現在、国内人権機関の問題と個人通報の問題が人権分野では最重要課題です。そして、個人通報制度については、受入れ実現までもう一歩、国内人権機関よりももっと目前に迫っている課題であると、力を入れて取り組んでいます。

個人通報制度については、弁護士会を含めた市民社会側にとって今がチャンスです。必死になって国会議員や官庁に訴えて、来年の通常国会ではぜひとも批准にこぎつけるよう、皆さん一緒にがんばりましょう。

質疑応答

東澤　それではここでみなさんからのご質問を受けたいと思います。最初にまとめてお受けし、パネリストのみなさんには後ほどまとめてお答えいただきますので、どの方への質問なのかを最初に明らかにしていただけると助かります。

参加者A　質問に入る前に情報を一つ、みなさんと共有させてください。

　子どもの権利条約は1989年に採択されてから20年が経ちますが、個人通報制度がまだありません。そこで、個人通報制度を設けようとの気運が高まり、今週月曜日（2010年12月6日）から選択議定書草案についての作業部会がジュネーブで始まっています。

　今回の議論は、子どもの権利委員会の現在の委員長の強力なイニシアティブのもと、今年（2010年）3月に委員会で採択された、個人通報制度を設けようとの決議にもとづいています。子どもでも使える制度にしようということで、世界中からのNGOからの意見も集められ、急ピッチで作業が進められています。

　現地からの情報によると、来年中には採択されるのではないかという話も出ているということです（その後、2011年12月19日に国連総会で採択）。また作業部会の中で、日本政府代表の「実現に向けて期待している」との積極的な発言もあったということです。

　私は子どもの権利条約に関して活動をしていますが、それ以外の条約について活動なさっているみなさんとも連携をとり、個人通報制度の実現に向けて活動を続けていきたいと思っています。

東澤　現在進行中の、ホットで貴重な情報をありがとうございました。

　ではご質問を順にお願いいたします。

参加者B　松浦さんにご質問です。

　さきほどご紹介くださった政府内での議論では、「しっかりした国内裁判所があるのだから、個人通報制度に入る必要はないのではないか」という意

見があるということでした。しかしこれは、個人通報制度に入らない理由にはならないのではないかと思います。国内裁判所がしっかりしているのであれば、個人通報されるようなケースはあまり出てこないのではないでしょうか。そうであれば、ことさらに個人通報制度の導入を避けなくてもいいのではないでしょうか。

参加者C 阿部さんに伺います。

本年（2010年）のノーベル平和賞受賞者である劉暁波さんへの対応でもわかるように、中国はグローバルな人権秩序よりも、国内法を優先しているようにみえます。しかし「人権秩序」を真にグローバルなものとするためには、中国が参加することが重要であると思います。中国の実情に対して、どのようなアプローチが有効でしょうか。

参加者D 岩沢さんに伺います。

個人通報制度への批判として、日本のことを必ずしも知らない人が、「ヨーロッパ・スタンダード」に基づいて判断しているというものがありますが、自由権規約委員会で実際に審査に携わっておられる立場からすると、どのようにお感じになられますか。

参加者E 松浦さんへの質問です。

国内人権機関の議論と個人通報制度の議論は、政府内ではどのように関連づけられているのでしょうか。

参加者F 阿部さんにお願いします。

今日の議論でもわかるように、国際人権法はとても重要なものですが、司法試験の科目にはなっていません。このことについてどのように思われるでしょうか。

参加者G 松浦さんに伺います。

個人通報制度の導入に向けて政府も前向きであるとのことは大変いいことだと思いますが、今の日本社会には、制度を十分に生かしていけるだけの体制が整っていないように思います。このことについてご意見をお聞かせください。

東澤 バリエーションにとんだご質問、どうもありがとうございました。それでは着席順でお答えいただきます。

阿部 まず中国の問題からお答えします。

国際人権法について、中国は決して拒絶をしているわけではありません。自由権規約にこそ入っていませんが、他の主要な人権条約にはほとんど入っているのです。人権理事会の普遍的・定期的審査ももちろん受けています。このように、国際人権法に基づく制度の中に入って、その中で自らの主張を行っているというのが、現状です。

その背景事情として、まだかなりの制約があるとはいえ、中国の中の学問状況の変化もありますし、市民社会の胎動という事情も見逃すことができません。それが、間接的かもしれませんが、政策に反映されている面もあるのではないかと思います。

いずれにせよ、国際人権レジームの中で議論をするという立場を基本的に中国政府は取っていますので、そこを取っ掛かりとしてうまく捕らえて、議論をしていけたらと思います。

次に法科大学院をはじめとする人権教育についてです。法科大学院に関していえば、当初は司法試験の科目として国際人権法が構想されていたのが消えてしまい、教育の中での比重が軽くなったことは事実ではないでしょうか。このような事態に対しては、専門家集団である国際人権法学会などで検討して、意見書を出すことなども考えていく必要があると思います。

学校での人権教育については、現在、人権理事会の枠内で、人権教育に関

する宣言案が検討されています（その後、2011年12月19日に国連総会で採択）。それが採択されれば、日本でもそれに添って人権教育を実施していくことが大いに期待されます。

　また、以上のようないわゆる人権教育とは別に、人権諸条約や、各委員会の意見・勧告等の広報も、きっちりやっていく必要があると思います。

松浦　まず、国内人権機関に関するご質問がありましたが、残念ながらこれは法務省の管轄で外務省は担当しておらず、議論の内容はあまり把握していません。ただ報道などで知る限りでは、法務省では内部で勉強会など設けておられるようです。

　前の法務大臣・千葉景子さんは、3点のことをやりたいとおっしゃっていました。個人通報制度、国内人権機関、取調べの可視化です。この3点を実現するという姿勢は、法務省の中にまだ残っていると信じています。

　次に、個人通報制度を導入しても、日本国内の体制が整っていないのではないか、十分に制度を生かせないのではないかとのご指摘がありました。これは的を射たご質問だと思います。

　個人通報に入った後の委員会の見解に政府としてどのように対応できるかにつき整理すると、次のようになります。まず、委員会の見解には3種類あると思います。①行政府が行政府の権限で対応できるもの、②裁判所の判断が固まっているので裁判所の新しい判断を行わない限り行政府では変えようがないもの、③法律によって明記されているので、法律を改正しない限り行政府では変えようがないものです。このうち①については行政府内部で対応を検討することになる、対応をすることができるものでありますが、③については国会に何らかの形で検討していただくことになります。そして②については、裁判官にそのような情報に接していただいて対応していただくことになるが、行政府が司法府に対してこのようにしてくれというようなものではありません。三権分立の原則の下、このように委員会の見解の種類によっては、すぐに対応できないものもあることは否めません。

　それから、しっかりした国内裁判所があることは、個人通報制度導入への障害とはならないのではないか、という趣旨のご質問がありました。この部分については、先ほどの私の発言が舌足らずであったと思いますので補足します。

　個人通報制度を導入することのマイナス面として挙げられることには、主

に2点あります。まずは、①要するに、意味のないものに入るのは無駄、行政コストの無駄ではないかということです。新しい制度を導入すれば、たとえばそれを担当する人員が必要になる。それにはお金がかかるのです。具体的に申し上げれば、私をはじめとする公務員の給料がそうです。しかし、意味のないことであるとすれば、そこに行政コストを割くことはやめるべきなのです。もう一点は、②日本の恥を世界にさらすことはやめるべき、ということです。このあたりの議論は、日本の司法制度をはじめ、日本の人権保障のあり方への自信が若干揺らいでるのではないかということとつながるのではないかとも思います。若干深層心理的な部分も影響しているように思います。

　もう一つ、これは私への質問ではありませんでしたが、日本人でない者が審査することについてどう思うか、また、基準は「ヨーロッパ・スタンダード」にしか過ぎないのではないかというご質問がありました。これに関しては、たしかにこの150年ぐらいの人権の流れを見ると、結果的にはヨーロッパが「先進国」だったといえると思います。しかし今後のグローバル化した世界の中では、ヨーロッパ流の人権が万能ということではなくなるのではないか、社会的権利や発展の権利を重視しようという考えも出てくると、個人的に考えております。そして、さまざまな考えを出し合い、話し合う場として国連の人権システムがあり、その中で個人通報制度もあると考えております。

　現実に、各条約機関の委員を見ても、ヨーロッパだけで占められているわけではありません。そのような構成の人権システムで意見を闘わせる中で、結果的にヨーロッパが先導する考え方がグローバルな基準となるかもしれないが、まずはじめに「ヨーロッパ・スタンダード」があって、そこに合わせようとして条約を作っているのではありません。あくまでも世界基準を作るのが目的で、様々な話し合いがなされていると考えています。

林　「ヨーロッパ・スタンダード」ということについて、松浦さんと同様に思います。条約機関がしていることは、「ヨーロッパ・スタンダード」を当てはめているのではなく、「グローバル・スタンダード」としての普遍的な人権というものを追求しています。そのために、ひとつには、委員の選出に地理的な配分を考慮して、異なる法体系を代表するようにという仕組みが条約上規定されています。

　ただ、この普遍的な人権の追求ということが、実際には困難が生じている

こ␣とも確かです。女性差別撤廃委員会では、一般的勧告や総括所見は従前はコンセンサスでしか採択されませんでした。最近はイスラム圏委員と非イスラム圏委員との間の意見の対立が大きくなり、締約国の差別撤廃義務というような非常に重要な一般的勧告でさえ、採決で決めるようになってきています。もちろん、少数意見は尊重しなければなりませんが、委員会の中に対立があることを締約国に見せるのはマイナスだと、私は思っています。

　今後このような溝が小さくなるのか、あるいはそれを乗り越えて普遍的な基準を作り出していけるのか、条約機関全体の課題であると思います。

　今日の議論の中で、個人通報についての話が大変具体的になってきたと感じます。これまでは市民集会に出てもどこか遠い国の話のようでしたが、ずいぶんと身近な話になってきました。

岩沢　「ヨーロッパ・スタンダード」ではないかとのご質問にお答えします。自由権規約委員会の審議は、個人通報審査は非公開ですが、一般的意見の検討は公開で簡易議事録もあるので、どのようなやり取りがなされているのか見ていただけます。

　最近作った一般的意見は表現の自由（規約19条）に関するものです（2010年10月採択）。委員会には様々なバック・グラウンドをもつ人がいますが、一般的意見は非常に真摯なやり取りをした上でまとめています。そのやり取りを見てもらえれば、様々な背景の人が真剣な議論をして意見をまとめていくプロセスが理解してもらえると思います。委員会は「規約」を基準に判断しており、「ヨーロッパ・スタンダード」ではなく「グローバル・スタンダード」です。規約の解釈は人によって異なる可能性がありますが、最終的には、様々な背景をもつ人々による合議体として、議論を重ねて意見を出します。

東澤　ありがとうございました。

　今日は様々な立場の方のご意見を聞くことにより、これまでに比べ個人通報制度がぐっと身近になった気がいたします。

　長時間にわたり討論してくださったパネリストのみなさん、そして熱心に聞いてくださった会場のみなさんに感謝申し上げます。ありがとうございました。

個人通報制度の導入をめぐる主な論点

東澤 靖（弁護士、明治学院大学法科大学院教授）

はじめに

　日本が批准した国際人権条約のもとで、さらに進んで個人が条約違反の事件について条約機関に通報できる個人通報制度を日本が受け入れるべきだ[1]という主張は、長年にわたり、数多くの理由を持ってなされてきた。第１に、国内の人権保障を国際的水準に引き上げるためには、国内の事件を国際的機関が審査する可能性を認めるべきだ。第２に、主要な人権条約の下で大半の先進国が個人通報制度を受け入れ、あるいは、他の先進国のすべてが何らかの形での国際的な申立てを受け入れているもとで、日本だけがそれを拒む理由はない。第３に、国際人権条約の受入れが低調なアジア地域、あるいは東北アジア地域において、日本は人権の国際的保障について自ら範を示すべきだ。その他にも、日本が個人通報制度を受け入れるべき理由は、日本社会が新たな人権問題に直面するたびに、次々と提起されている。

　しかしながら、個人通報制度の受入れを求める多くの声にもかかわらず、日本政府は、長年その受入れに対し消極的な姿勢を示してきた。日本が1979年にはじめて批准した主要な国際人権条約は、２つの国際人権規約——市民

---

[1] 個人通報制度という手続を持つ人権条約は数多くあるが、そうした手続を受け入れるためには人権の内容を定める条約本体が日本で発効している必要がある。そのような意味で、現時点で日本が受入れ可能な個人通報制度としては、新たな条約として選択議定書の批准が必要な２つの国際人権規約と女性差別撤廃条約、また、日本政府が受入宣言を行えば足りる人種差別撤廃条約と拷問等禁止条約の個人通報制度がある。前者は国会の承認が必要であり、後者は政府の決定で足りるという国内手続の違いはあるが、ここでは個人通報手続を日本国内で発効させるための手続を、総称して、個人通報制度の受入れと呼ぶ。

的及び政治的権利に関する国際規約（自由権規約）と経済的、社会的及び文化的権利に関する国際規約（社会権規約）である。その批准の際に、国会は、個人通報制度を受け入れる自由権規約の選択議定書についても、「選択議定書の締結については、その運用状況を見守り、積極的に検討すること」との附帯決議を行っていた[2]。ところがそれ以降、個人通報制度の受入れに関する日本政府の対応は、長年にわたって、「司法権の独立」などを理由に慎重な検討を行っているというものであった。さらに、2009年8月に個人通報制度の実現をマニフェストに持つ民主党政権が誕生した後も、個人通報制度の導入を控えたより実務的な問題として、これまでの国内の司法制度との関係での検討が繰り返されている。

以下では、日本政府が長年繰り返してきた「司法権の独立」などの懸念を簡単に振り返った後、それがはたして正当な懸念であったのかどうかを個人通報制度の法的な性格を含めて検討する。その上で、現在、日本政府内で検討されていると思われるいくつかの論点を検討したい。

従来の日本政府の対応

個人通報制度に対して日本政府が提起してきた問題点

日本政府の個人通報制度に対する対応は、当初からまったく否定的なものであったわけではない。先に見たように、1979年の国際人権規約の批准に際しては、「運用状況を見守り、積極的に検討すること」との附帯決議がなされていたが、それを受けて外務省は、実際のケースを検討した上で、1985年には「本件の運用状況についておおむね問題ないという我々判断に達しておりますので、人権両規約が批准されました際の国会における附帯決議をも十分踏まえまして、今後締結に向けまして前向きに積極的に対応していきたいと考えております」[3]という内容の答弁を繰り返していた[4]。

---

[2] 衆議院外務委員会の要望決議（1979年5月8日衆議院外務委員会。http://kokkai.ndl.go.jp/SENTAKU/syugiin/087/0110/main.html）、参議院外務委員会の国際人権規約に関する決議（1979年6月5日衆議院外務委員会。http://kokkai.ndl.go.jp/SENTAKU/sangiin/087/1110/main.html）。
[3] 村田光平外務省国際連合局外務参事官の答弁（1985年7月23日参議院決算委員会）。
[4] 同様の答弁として、安倍晋太郎外務大臣の答弁（1985年9月19日参議院決算委員会、同年11月6日参議院予算委員会）、中平立外務省国際連合局長の答弁（1986年3月7日衆議院予算委員会第二分科会）など。

ところが、1988年頃から、国内法整備あるいは国内法との関係といった問題点が、政府答弁で言及されはじめる[5]。そして、1991年になって、司法制度との関係や司法権の独立といった問題が提起されはじめた[6]。ただし、司法権の問題は、当初は、個人通報の制度の濫用のおそれなど他の問題と一緒に提起されていた[7]。しかし、1994年以降は、政府答弁における消極理由は、ほぼ司法制度との関係や司法権の独立の問題に収れんしていく。すなわち、「この個人通報制度というものと日本国内の司法権の独立、これの関係の調整がいまだ政府部内において見ていないというところでございます」[8]、あるいは「この制度は、我が国の立場として考えますと、特に司法権の独立を侵すおそれがないかといった点を含めまして、我が国の司法制度との関係等慎重に検討すべきであるという指摘もございます」[9]といった答弁がその後延々と国会で繰り返されることになる。

　このような対応は、自由権規約の定期報告書審査における日本の国家報告でも同様である。すなわち、日本政府が個人通報制度について言及するようになったのは、第3回の定期報告からであるが、そこでは「我が国司法制度との関係や制度の濫用のおそれも否定しえないこと等の懸念もあり、検討すべき多くの問題点が残されている」[10]として複数の懸念をあげていた。しかし、第4回の定期報告以降は、「しかし、締結に関し、特に司法権の独立を侵すおそれがないかとの点も含め我が国司法制度との関係等慎重に検討すべき問題があるところ、引き続き関係省庁間で検討を行っているところである」[11]、「本制度については、我が国憲法の保障する司法権の独立を含め、司法制度との関連で問題が生じるおそれがあり、慎重に検討すべきであるとの指摘もあることから、本制度の運用状況等を見つつ、その締結の是非につき真剣かつ慎重に検討しているところである」[12]として、その問題点を司法制

5　宇野宗佑外務大臣の答弁（1988年3月16日参議院予算委員会）、赤尾信敏外務省国際連合局長の答弁（1990年6月6日参議院予算委員会）。
6　左藤恵法務大臣の答弁（1991年4月1日参議院予算委員会）など。
7　左藤・前掲注6答弁、中山太郎外務大臣の答弁（1991年4月1日参議院予算委員会）など。
8　高野幸二郎外務省総合外交政策局国際社会協力部長の答弁（1994年8月24日参議院決算委員会）。
9　朝海和夫外務省総合外交政策局国際社会協力部長の答弁（1995年11月21日衆議院外務委員会）。
10　日本政府「市民的及び政治的権利に関する国際規約第40条1(b)に基づく第3回報告（仮訳）」（1992年3月30日受付）7(4)項。
11　日本政府「市民的及び政治的権利に関する国際規約第40条1(b)に基づく第4回報告（仮訳）」（1997年6月16日受付）人権諸条約の締結(b)項。

度や司法権の独立に収れんさせてきた。

　なお、この問題について、最高裁の対応にも興味深いものがあった。最高裁も、日本政府が司法制度の問題に言及しはじめた1991年に、「選択議定書の締結そのものにつきましては、政策判断を伴う問題でございますので、基本的には意見を述べる立場にはない」としながらも、「選択議定書に関するうち我が国の司法制度との整合性等の問題点につきましては、最高裁の事務当局として意見を述べる点があればということで、現在鋭意検討しているところでございます」[13]として、司法制度との整合性の問題点に言及していた。しかし、その後は長きにわたって国会での答弁を行うことはせず、ようやく2002年になって、「選択議定書の署名、批准につきましては、政府ないし国会の政策的な判断に基づいて行われるべき事柄であり、最高裁判所はこの問題について意見を述べるべき立場にはないものと考えております。この問題につき法務省から正式に意見を求められたことも、したがってございません」[14]、そして最高裁が批准に反対している指摘については、「冤罪というふうに言ってもよろしいかと思っております」[15]と述べて、最高裁は選択議定書締結の是非には見解を表明しないとの立場を明らかにした。

司法制度、司法権の独立とは何か

　それでは、日本政府が指摘してきた司法制度、司法権の独立の問題とは何だったのだろうか。この点、日本政府が、国会答弁などでそれらを体系的に説明することは残念ながらなかった。それでも、質問者の追及の中で、その内容を断片的ではあるが次第に述べるようになっていった。その答弁の中で言及されたのは、次のような問題であった。

　日本政府が、具体的な個人通報制度の問題として、まずあげるようになったのは、同制度の下で、国内救済措置を尽くしていないのに、言い換えれば国内での裁判が係属中なのに、受理された事例があるということであった[16]。

---

12 日本政府「市民的及び政治的権利に関する国際規約第40条1(b)に基づく第5回報告（仮訳）」（2006年12月20日受付）62項。
13 金谷利廣最高裁判所事務総局総務局長の答弁（1991年4月1日参議院予算委員会）。
14 中山隆夫最高裁判所事務総局総務局長の答弁（2002年10月3日参議院決算委員会）。同局長の答弁（2003年4月1日参議院法務委員会）も同旨。
15 同上。
16 池田行彦外務大臣、原田明夫法務省刑事局長の答弁（1997年3月14日参議院予算委員会）など。

あるいは、国内で確定した具体的事件について、自由権規約委員会が審査して国内裁判所の判断とは異なる見解が示されることも問題とされた[17]。これらの問題点は、その後も日本政府によって繰り返され、問題を正確に理解していない閣僚の答弁では、「国内救済手続の体系を混乱させる」[18]、あるいは「第四審があるような形になってしまいますので、私は我が国の三審制で十分だと思います」[19]といった、制度への誤解を含んだ否定的な評価も受けるようになった。

　しかし、後に詳しく述べるように、個人通報制度のもとで条約機関が示した見解は、一般的に締約国に対して、ましてや国内裁判所に対して法的拘束力はないものと理解されている。それにも関わらず、なぜ条約機関が国内裁判所と異なる見解を示すことが、司法制度や司法権の独立との関係で問題を生じることになるのか。日本政府の回答は、最初になされたのは拷問等禁止条約の個人通報制度をめぐってのものであるが、次のようなものであった。

　「司法の独立ということは、裁判官がその良心に従い、憲法と法のみに拘束されて判断をするということでございます。そういうことから、個別の裁判における心証形成というのは、関係法令にのっとって、提出された資料に基づきまして、裁判官が自由な判断でその心証形成を行う。これによりまして、司法の独立、裁判の独立が担保されているわけでございます。

　個人通報制度を受け入れるということになりますと、具体的な個別の事案につきまして、国連の条約に基づき設置された拷問禁止委員会が見解を示されるということになります。そうなりますと、その具体的な当該事案あるいはこれと関連する事案に関する裁判官の自由な審理、判断に影響を及ぼすおそれがあり得るということでございます。そういうことから、この個人通報制度の運用等につきまして慎重な検討を加えた上で判断をしなければならない、そういうことで、現在もその検討を続けているところでございます」[20]。

---

[17] 陣内孝雄法務大臣の答弁（1999年3月19日衆議院法務委員会）など。
[18] 保岡興治法務大臣の答弁（2000年9月20日参議院決算委員会）。
[19] 鳩山邦夫法務大臣の答弁（2006年3月15日参議院予算委員会）。

つまり、個々の裁判官が国連の権威によって心理的影響を受けるおそれがあり、それが司法の独立の問題であるというものである。そのような心理的影響が司法権の独立の問題であるかどうかは、後に検討するが、そもそも裁判官は、そのように心理的影響に左右されるものなのであろうか。この点については、同じく法務大臣から興味深い観測が述べられている。

「個人が直接国連その他に通報をするというやり方、それはそれで一つのアピールの仕方としては私も理解できるんでございますけれども、しかもこれは法的な強制力はないのだからそういうことがあってもいいじゃないかというお気持ちも分からないではございませんが、特に日本の司法制度につきましては大変きちょうめんで厳正に物を考える傾向がございまして、仮に国連というような大きな影響力のあるものを背景にそのような個人通報制度が行われ、それが何らかの結論をその場で得るということになりますと、同時に行われているかもしれない法廷における裁判官の判断に何らかの影響を与えるのではないかということが具体的に心配されるわけでございまして、そのようなことがないようにどうすればできるかということを検討していると言えば言えるわけでございます」[21]。

その内容の是非はともかく、日本の司法制度や裁判官は、かくも脆弱で国連の権威から守ってもらわなければならないのだろうか。結局のところ、司法権の独立として日本政府が懸念していたのは、条約機関(国連自体ではないが)が、国内裁判に先んじて、あるいは国内裁判と異なる判断を行った場合に、個々の裁判官に与える心理的または事実上の影響力であったことになる。

条約機関の判断や勧告の取扱い

しかしながら、他方で、司法制度、司法権の独立という日本政府の答弁の中には、以上に述べたような裁判官への影響力とは別の、より具体的な問題

---

[20] 房村精一法務大臣官房司法法制調査部長の答弁（1999年5月28日衆議院外務委員会）。また、同旨の答弁は、その後小渕恵三総理大臣（1999年6月2日参議院本会議）でも確認されている。
[21] 森山眞弓法務大臣の答弁（2002年10月3日参議院決算委員会）。

点が提起されることもあった。それが政府答弁で語られはじめたのは、つい最近のことであり、女性差別撤廃条約の個人通報制度にかかわる答弁においてであった。

「このような見解等（国内確定判決と異なる内容の見解：引用者注）が出された場合に、確定した我が国の判決との関係をどのように整理し、どのように見解等の内容を実現すべきなのかなどの問題が生じるのではないかというふうに考えております。

また、国内的な救済措置を尽くしたときということの判断いかんによりましては、まだ現在我が国の裁判所に係属している最中の事件につきましても見解等が出され得るものとも承知しているところでございまして、そのような場合には、その係属中の裁判との関係におきまして、この見解等をどのように取り扱うべきかという問題も生じると考えられます。

このように、我が国の司法制度との関係で問題が生じるおそれがございますので、その場合の具体的な対応のあり方についても検討していく必要があると考えているところでございます。

さらに、これまでの委員会のお出しになられた具体的な見解等によりますと、締約国に対しまして、通報者に対する損害賠償でありますとか補償を要請し、あるいは法律改正を必要とするという判断を示された事例があるとも承知しておりまして、このような、国費の支出でありますとか法律の改正を求める見解等が出された場合の具体的な対応のあり方についても検討していく必要があるのではないかと思います」[22]。

ここで提起された問題は、司法制度の関係の問題としながらも、実際には、それを超えた問題が指摘されている。すなわち、この答弁が述べているのは、従来日本政府が司法権の独立あるいは司法制度の問題としてあげてきた、国内判決と条約機関の見解の齟齬という問題にとどまらない。むしろ、国内の確定判決と異なる条約機関の判断や勧告を「実現すべきなのか」、「どのように取り扱うべきか」、「国費の支出でありますとか法律の改正を求める見解等

---

22 稲田伸夫法務省大臣官房長の答弁 (2009年3月18日衆議院内閣委員会)。

が出された場合の具体的な対応のあり方」などといった、日本政府の対応に関する具体的な問題が提起されはじめたのである。見解をどう実現すべきか、という問題は、もはや司法制度の問題にはとどまらない。個人通報制度が実現された場合に日本政府がどう対応できるのかという、政府全体にかかわる問題である。そして、その問題は、個人通報制度の受入れを検討する日本政府のみならず、個人通報制度を受け入れている諸国がまさに直面してきた課題なのである。このことは後に詳しく検討する。

政府部内での検討

　ところで、日本政府は、すでに見たように、1985年に個人通報制度のもとでのケースを検討しているとの答弁を行って以来[23]、慎重に検討しているとの答弁を長年にわたって繰り返してきたが、その検討の内容が、どのようなものであるかは、明らかにしてこなかった。しかし、2006年に提出された自由権規約の第5回定期報告書で、その概要が報告された[24]。また、2009年に女性差別撤廃条約の個人通報制度の受入れが国会で議論された際にもさらにその内容が明らかにされた[25]。

　政府の回答によれば、1999年12月から、外務省、法務省の関係部局、最高裁判所のオブザーバー参加、ならびに3名の大学教授や学識者の参加で、通報制度に関する研究会が実施されてきた。そこでは、自由権規約委員会における審理を中心に分析・研究し、検討が行われてきた。その会合は、合計40回であった。ついで2005年12月にこの研究会を改組し、さらに関係省庁に広く参加を呼びかけた上で、個人通報制度関係省庁研究会が開催されてきた。その研究会は、2009年4月までに12回開催されたという。

　この研究会は、個人通報制度のもとでの具体的な事件を素材に検討を行っている模様である。それら研究会の内容は、個人通報制度と締約国の対応などを検討するために貴重な議論を提供してくれるであろう。その意味で、その研究会の内容、素材やテーマに留まらずそこで交わされた議論も含めて、

---

[23] 山田中正外務省国際連合局長の答弁（1985年5月29日参議院外務委員会）。
[24] 「1999年12月以降、外務省及び法務省の関係部局が参加し、本選択議定書に基づく個別具体的な事案を見つつ、個人通報制度が我が国に適用された場合の影響等について検討する研究会を定期的に開催している」。日本政府・前掲注12第5回報告62項。
[25] 石井正文外務省大臣官房参事官の答弁（2009年4月24日衆議院外務委員会）。また、板東久美子内閣府男女共同参画局長の答弁（2009年3月17日参議院内閣委員会）。

今後その記録が公表されることを期待したい。

日本政府の従来の対応における基本的な問題点

　個人通報制度の受入れについて、日本政府がこれまで指摘して来た懸念はどの程度正当なものなのだろうか。すでに見たように国会における日本政府関係者の答弁は、必ずしも一貫したものではないが、その中には、司法制度や司法権の独立など明らかに個人通報制度への誤解または受入れを拒む口実となってきたものと、特に近時において指摘されるようになった、受け入れた場合に実際上想定される実務的な問題点など、様々な論点が入り交じっている。そこで、後者の実務的な問題点に迫るために、まずは前者の誤解や口実に関わる主張の問題点を明らかにしておく。

委員会の「見解」の法的性格

　司法制度や司法権の独立といった日本政府の主張の意味合いを理解するためには、まず、条約機関が個人通報制度の結果として締約国に対して出す「見解」の法的性格や効力を理解する必要がある。

　日本が個人通報制度を受け入れた場合、国内で救済を受けることができなかった事件、通常は、最高裁まで争って敗訴した事件の当事者が、人権条約の下での救済を求めて、条約機関に通報を行うことが可能となる。そして、条約機関は、審理の上で、その通報に対する判断を行って通報者と相手国政府にその判断と勧告を伝えることになる。その判断や勧告の呼称や手続は、それぞれの人権条約ごとに微妙に異なる。以下では、個人通報制度のもとでもっとも多くの経験を持ち、多くの議論が重ねられている自由権規約委員会（Human Rights Committee）の例を中心に検討し、また判断や勧告を総称する際には、同委員会の「見解(Views)」を用いることにする。

　個人通報制度のもとで、自由権規約委員会は、通報者の通報を受けて、その通報が受理可能性の要件を満たすと判断した場合、「見解(Views)」と呼ばれる決定を行う。「見解」の中で委員会は、通報された事件に規約違反があるかどうかを認定し、規約違反が認定された場合にはその違反に対する救済措置を決定する[26]。すなわち、委員会の決定である「見解」は、規約違反の認定を行う部分と、それに基づいて締約国政府に救済措置を要請する部分とから

なっている。

　それでは、このような「見解」は、締約国に対してどのような法的効力を持つことになるのだろうか。この点は、より具体的には、日本政府に対して自由権規約委員会が規約違反を認めて「見解」を発した場合、①その「見解」は日本政府を法的に拘束するのか、②法的には拘束しない場合、「見解」には日本政府に対する何らかの効力があるのか、という問題から成り立っている。この点について、自由権規約委員会は、最近、「見解」が「規約の解釈という責務を与えられた機関による一つの有権的な決定」[27]であり、その性格は締約国が「誠実に行動すべき義務を負っていることからも、決定される」[28]という考え方を示している。

　①の点に関する一般的理解は、「見解」には締約国に対する法的拘束力はないというものである[29]。ただしこの点については、自由権規約本体が効果的な救済措置を与えることを締約国に義務づけていることなどを根拠に、何らかの法的拘束力を認めようとする考えもないわけではないが[30]、少なくとも締約国が受け入れる考え方とはなっていない。それゆえ、委員会が締約国に対して「見解」を出したとしても、その中での規約違反の認定や救済措置の勧告に従って国内裁判の結果を覆すような義務が生じるわけではないというのが、日本政府も含めた一般的な理解である。

　また、日本の裁判例においても、自由権規約委員会の一般的意見や「見解」（この場合は個人通報制度を受け入れている他の締約国に対する見解）について、それらを法的拘束力のあるものとして取り扱っている判決例は見当たらない[31]。

---

[26] 自由権規約委員会の一般的意見33号「市民的及び政治的権利に関する国際規約第一選択議定書に基づく締約国の義務」（CCPR/C/GC/33、2008年11月5日）12項。原文は英語、訳文は日本弁護士連合会訳（http://www.nichibenren.or.jp/library/ja/kokusai/humanrights_library/treaty/data/HRC_GC_33j.pdf）による。

[27] 自由権規約委員会・前掲注26一般的意見33号13項。

[28] 自由権規約委員会・前掲注26一般的意見33号15項。この一般的意見の採択の経緯とその際に行われた議論については、岩沢雄司「自由権規約委員会の規約解釈の法的意義」世界法年報29号（2010年）73〜76頁を参照。

[29] Manfred Nowak, "U.N. Convenant on Civil and Political Rights, CCPR Commentary: 2nd revised edition," (2005) p. 894. 坂元茂樹「日本の裁判所における国際人権規約の解釈適用——一般的意見と見解の法的地位をめぐって」芹田健太郎ほか編集代表『講座国際人権法（3）国際人権法の国内的実施』信山社、2011年）49頁。薬師寺公夫ほか『法科大学院ケースブック国際人権法』（日本評論社、2006年）21頁。阿部浩己ほか『テキストブック国際人権法』（日本評論社、2003年）147頁。

[30] Nowak・前掲注29書p.894. 岩沢・前掲注28論文71〜72頁。

それゆえ、日本が個人通報制度を受け入れたとしても、そのもとで日本政府に対して行われる「見解」について、日本政府や日本の裁判所が、それを法的拘束力のあるものとして取り扱う可能性はほとんど皆無である。このように、①「見解」は日本政府を法的に拘束するのか、という問いに対する回答は、とても単純である。例外は、日本が新しい国内法を制定して、委員会の「見解」に日本国内で裁判所の判決と同様またはそれ以上の法的拘束力を持たせる場合であるが、それは国内法の問題であって「見解」の本来の法的効力とは別である。

　このように、「見解」の法的拘束力が一般に否定されるとしても、②の「見解」には日本政府に対する何らの効力もないのか、という点にはさまざまな考え方がある。自由権規約委員会が「見解」を「有権的な決定」として締約国に「誠実に行動すべき義務」を認めようとしていることはすでに述べたところであり、また、「見解」における道徳的権威や何らかの権威を認めようとする考え方は、研究者によっても支持されている[32]。日本の裁判所においては、規約の解釈に際して多くの判決例では、一般的意見や「見解」が法的拘束力を持たないことを理由にそれらを採り上げて援用することには否定的であるとされるが、少なくない裁判例では「見解」を自由権規約の解釈手段[33]として用いる例もある[34]。しかし、法的拘束力の義務付けがなければ、委員会の「見解」にどの程度の権威を認め、あるいは自由権規約の解釈手段として用いるのかは、結局のところは、それを検討する個々の裁判官の法的な判断によることになる。

　なお、以上に述べた「見解」の法的拘束力をめぐる議論は、締約国に実際上「見解」を守らせるための議論としては、あまり意味のある議論ではない。強制的な執行手段を持たない実際の国際法の世界においては、法的拘束力があるかどうかの議論は決定的な意味を持たず、国家が何らかの決定に従わなければならないと考えるか否かは、実際にはその決定を行った機関の権威や政治的判断など他の非法的要素によって決定されるのが通常だからである[35]。

31　一般的意見や見解に対する日本の裁判所の取扱いについては、坂元・前掲注29論文52頁、66頁。岩沢・前掲注28論文54〜57頁。
32　Nowak・前掲注29書pp.894-895、坂元・前掲注29論文49頁など。
33　この場合の解釈手段とは、日本も批准している条約法に関するウィーン条約に定められた条約の解釈原則（31条及び32条）にそって、一般的意見や「見解」を判断の際に援用するというものである。
34　坂元・前掲注29論文55頁、62〜66頁。岩沢・前掲注28論文54〜57頁。

しかしながら、これから述べる日本国内の「司法権の独立」あるいは裁判官の独立という観点で考える場合には、自由権規約委員会の「見解」に法的拘束力があるとは一般に認められていないこと、「見解」に何らかの権威を認めるとしても、実際上は、また、これまでの国内の裁判例においても、「見解」で採用された解釈を用いるかどうかは、結局のところ個々の裁判所に委ねられている、という事実は重要である。

「司法制度」あるいは「司法権の独立」について

　以上を踏まえて、従来日本政府が、個人通報制度を受け入れない理由として用いてきた、「司法制度」あるいは「司法権の独立」について考えて見ることとしたい。

　日本の憲法のもとでは、すべての司法権は最高裁判所と下級裁判所に属するとされ（憲法76条1項）、最高裁判所は憲法に関わる決定を行う終審裁判所である（憲法81条）。このことによって、最高裁のもとにある裁判所以外に、特別裁判所は設置できない（憲法76条2項）。行政機関など裁判所以外の機関が、事件に対する判断を行うこと（公正取引委員会、労働委員会など）はそれ自体禁止されているわけではないが、そこでの判断に異議が提起された場合には、最終的には最高裁のもとにある裁判所で審理される必要がある（同項）。これらが、いわゆる日本の「司法制度」の根幹である。

　「司法権の独立」として、憲法が実際に定めているのは、裁判官がその良心に従い独立して職務を行い、憲法と法律のみに拘束されるということである（憲法76条3項）。そして一般的には、「司法権の独立」とは、司法権が他の権力から独立していること（他機関からの独立）と、裁判官が他からの干渉を受けずに独立して職務を行うこと（裁判官の独立）の2つの側面があると理解されている[36]。

　それでは、従来の日本政府の見解では、どのようにして「司法制度」あるいは「司法権の独立」との問題を生じることになるのか。

　「司法制度」という点で問題となりそうなのは、まず先の国会答弁にもあった「第四審があるような形になってしまいます」[37]という点だろう。このこと

35　Nowak・前掲注29書p.894.
36　例えば、憲法の一般的な教科書、芦部信喜（高橋和之補訂）『憲法〔第5版〕』（岩波書店、2011年）346頁。

が終審裁判所を最高裁判所とする「司法制度」に違反するという主張である。個人通報制度が、最高裁で救済されなかった事件の通報を委員会に認めていることからこのような素朴な懸念が生じることは理解できる。しかし、個人通報制度を通じて出された委員会の見解には、国内の最高裁判所が下した判断を法的に覆す権限もなく、日本政府を拘束する法的効力がないことはすでに見たとおりである。そうであれば、最高裁判所の上に「第四審」が設けられるという理解が、個人通報制度に対する誤解に基づくものであることは容易に明らかとなる[38]。

次に、たとえ「第四審」ではないとしても、特別な裁判所を設けることになるとする批判はどうだろう。委員会の見解は、それ自体は司法機関の判断ではないが、具体的な事件の申立てに基づいて当事者双方の主張を踏まえて判断すること、委員会には公平性や独立性が要求されていること、規約の規定を解釈適用して結論を導くなど、準司法的な性格を持っている[39]。しかも、委員会の判断は、日本の最高裁判所が覆すことができないという意味で終審であるというのである。しかし、このような主張も、国内機関と国際機関との区別を無視した誤解に基づくものと言えよう。憲法76条2項が、特別裁判所や終審としての行政機関の裁判を禁止しているのは、国内の統治機関としてそのような制度を設けてはいけないとするものであって、日本政府が司法的機能を持つ国際機関を利用することについて何らかの禁止を行うものではない。このことは、日本が国連憲章に加盟することによって国際司法裁判所の当事国となってその判決の履行義務を課されていること[40]を考えれば容易に理解できるであろう。その他にも、日本が司法的機能を持つ国際機関の管轄権を受け入れている例は少なくないが、国内の「司法制度」との抵触は何ら問題にされてこなかった。

では、「司法権の独立」の問題はどうであろうか。個人通報制度について問

---

37 鳩山・前掲注19答弁。
38 「締約国は、委員会の判断が第4審でなく、かつ原則として、事実及び証拠の評価又は国内裁判所による国内法の適用及び解釈の再検討を排除しているという一貫した委員会の判断を考慮し、選択議定書の批准を検討するべきである。」自由権規約委員会の第5回定期報告書審査における最終見解（2008年12月18日、CCPR/C/JPN/CO/5。本文では最終見解〔concluding observations〕を総括所見と記載する）8項。原文は英語、訳文は外務省仮訳による。
39 参考：前掲注26一般的意見33号11項。
40 国際連合憲章93条、94条。

題とされているのは、司法権が他の権力から独立している（他機関からの独立）という側面ではなく、裁判官が他からの干渉を受けずに独立して職務を行うこと（裁判官の独立）という側面であることは、すでに見た国会答弁などから明らかである。「その具体的な当該事案あるいはこれと関連する事案に関する裁判官の自由な審理、判断に影響を及ぼすおそれがあり得るということでございます」[41]、「仮に国連というような大きな影響力のあるものを背景にそのような個人通報制度が行われ、それが何らかの結論をその場で得るということになりますと、同時に行われているかもしれない法廷における裁判官の判断に何らかの影響を与えるのではないかということが具体的に心配される」[42]というのが、実際の裁判官の独立に対する懸念である。

裁判官の独立あるいは裁判官の職権の独立の意味するところは、他の者からの指示・命令に法的に拘束されないことに加えて、裁判について他の機関から事実上の重大な影響を受けないという要請を含んでいるとされる[43]。そして、実際に裁判官の独立が害されるとして問題となってきたのは、内閣や国会など他の機関からの批判や介入、あるいは裁判所内部における指示や介入である[44]。他方で一般国民やマス・メディアなど国家機関以外の主体による裁判批判については、そのような批判は表現の自由の一環であることから、例外的な場合を除けば裁判官の独立を害するものとは考えられていない[45]。

日本政府が問題とするのは、第1に裁判官の職務に対する批判が、国際的に権威のある条約機関によってなされることであろう。しかし、これまでも条約機関は定期報告書の審査の結果として裁判官の職務に対する懸念や要望が表明されてきたし[46]、また、最高裁や下級審の判断とは異なる人権上の取扱いを勧告してきたが、それが裁判官の独立に対する介入であるとは指摘されたことはない。国際機関による日本の裁判官や判断に対する懸念表明や勧告は、裁判官の独立を害するものとは考えられてこなかったのである。さらに第2に日本政府が個人通報制度において懸念するのは、そのような条約機

---

41 房村・前掲注20答弁。
42 森山・前掲注21答弁。
43 芦部（高橋）・前掲注36書347頁。
44 内閣による介入としては戦前の大津事件、国会による批判・介入としては浦和事件・吹田事件、そして裁判所内部の介入としては平賀書簡事件などが有名である。芦部（高橋）・前掲注36書347頁。
45 例えば、芦部（高橋）・前掲注36書347頁。

関の懸念表明や勧告が、個々の事件について、国内の裁判官の判断を見直す形でなされることであろう。それは確かにこれまで日本にはなかった制度である。しかし、個人通報制度を通じて条約機関が見直すのは、国内法に関わる問題ではなく、人権条約で保障された権利の侵害があるかどうかと言う条約の解釈の問題である。そして、条約の解釈の問題としては、すでに述べたように日本の裁判所は、条約機関の「見解」に当然のことながら法的拘束力を認めることはせず、考慮する際にも、あくまで条約の解釈の一手段として用いる手法がとられてきた[47]。それゆえ、同じ事件について条約機関が、国内裁判所の条約の解釈を覆す判断を行ったとしても、そのことが裁判官に与える影響力はきわめて限定された事実上のものにすぎない。また、将来の事件において条約機関のとった解釈を採用するかどうかは、引き続き個々の裁判官の「良心」(憲法76条3項)に委ねられているのである。それにもかかわらず、「法廷における裁判官の判断に何らかの影響を与えるのではないかということが具体的に心配される」[48]とするのは、裁判官の持つ職業的良心をあまりにも軽視した懸念であろう。条約機関の判断に接して、自らの職業的良心とは無関係に、易々と納得しない条約の解釈を受け入れる裁判官像を、少なくとも憲法は想定していない。

　むしろ、条約機関と国内裁判官との間に生じうる「影響」は、もっと肯定的あるいは積極的なものとしてとらえることができる。条約機関が国内裁判を経た事件を審理する際に、国内裁判官の条約解釈を再検討し、時には国内裁判と異なる解釈や結論を示すかも知れない。その際に条約機関は、国内裁判が用いた解釈やその背景を当然のことながら審理することになる。逆に、国内の裁判官は、条約機関が判断した問題点と同様の事件を取り扱う場合、国

---

[46] 例えば、自由権規約委員会・前掲注38総括所見では、性犯罪の取扱いに関して、「裁判官が過度に被害者の過去の性関係に焦点をあて、暴行に抵抗した証拠を提供することを被害者に要求するとする報告(略)を懸念する」とし、「裁判官(略)に対する、性的暴力におけるジェンダーへの配慮に関する義務的な研修も導入すべきである」と勧告している(14項)。また、同委員会は、第4回定期報告書審査における最終見解(1998年11月19日、CCPR/C/79/Add.102.本文では最終見解〔concluding observations〕を総括所見と記載する)においても、「裁判官を条約の規定に習熟させるための司法上の研究会及びセミナーが開催されるべきである。委員会の一般的な性格を有する意見及び選択議定書に基づく通報に関する委員会の見解は、裁判官に提供されるべきである」(32項)と勧告している。原文は英語、訳文は外務省仮訳による。

[47] 坂元・前掲注29論文49頁、52〜66頁。岩沢・前掲注28論文54〜57頁。

[48] 森山・前掲注21答弁。

内の判例のみならず条約機関の判断をも検討して、日本が批准する条約を履行するために自らがもっとも正当だと考える解釈や結論を導く。その過程で、国内の裁判官は、条約機関とは異なる解釈や結論を導くかも知れないが、条約機関の採用する解釈とその背景を理解した上で、自らの結論を理由づけることになる。そこでの「影響」はけっして一方的なものではない。その過程で実現するのは、相互の解釈や背景を理解した上で、同じ人権問題をどのように解決していくのがもっとも妥当なのかを探究しあうという、建設的な影響あるいは対話である。それによって国内の判例法理も、そして各国の実践を踏まえた条約機関の先例法理も、発展を続けていく土台が保障される。逆に「影響」を過大に懸念することによって、そのような建設的な影響や対話の道を閉ざしてしまうことは、裁判官の独立の保障を口実に、そのような発展の道を閉ざしてしまうことでしかない。

このように、「司法制度」や「司法権の独立」を理由とする従来の日本政府の懸念は、その主張内容を掘り下げてみれば、日本の憲法に照らしても正当化されるような懸念ではなかったことが明らかだろう。

個人通報制度の受入れに向けて検討されるべき論点

論点の所在とその内容

日本政府が、個人通報制度を受け入れない主たる理由としてきた「司法制度」や「司法権の独立」が、すでに検討してきたように、正当な根拠を持たないものであったとしても、その指摘して来た問題点の中には、やはり看過し得ないものが含まれている。実際に、個人通報制度の受入れを現実の問題として考える際には、同じ事件をめぐって国内裁判所での裁判手続とそれが終了した後の個人通報手続とがどのように関わり合っていくのかという実務的な問題を想定してみることは、個人通報制度を実効的なものとするために必要である。すでに検討した日本政府の従来の答弁の中にも、特に最近のものにおいては、そのような実務的な問題を語るものがあった。そのような受入れに際しての実務的な問題として、法務省内で検討されている論点として以下のようなものがあると伝えられている。

第1には、条約機関の審理や見解が、国内裁判を行う裁判官に与える影響である。具体的には次のような問題が考えられる。

① 国内裁判で継続中の事件について、条約機関への通報がなされて条約機関が見解を出した場合、そのことは国内裁判に対する不当な影響とはならないか。
② 同じ事件について、条約機関が国内裁判の確定判決と異なる内容の見解を出した場合、それは国内裁判所に対する不当な影響とはならないか。
③ また、条約機関が国内裁判の確定判決と異なる内容の見解を出した場合、それは同種の事件に関わる後の国内裁判に対して、不当な影響を与えることにならないか。

第2には、条約機関が条約違反を認めて見解を出す場合に、具体的な救済措置を要請する場合、日本政府がどのように対応すべきかという問題である。

④ 条約機関の見解では、条約違反を認めた場合に損害賠償や補償を日本政府に要請することがあるが、国内裁判では違法とされていない事件について、日本政府はどのように対応したらよいのか。
⑤ 条約機関の見解では、条約違反を認めた場合に現行法の改正を要請することがあるが、日本政府はどのように対応したらよいのか。
⑥ 条約機関の見解では、条約違反を認めた場合に条約機関の見解を国内裁判所に通知するように要請する場合があるが、日本政府はどのように対応したらよいのか。

第3に、条約機関は、通報を受けて審理する間、最終的な結論にいたる前に、政府に対して暫定措置を要請する場合がある。その際の日本政府の対応も1つの論点となる。

⑦ 条約機関は、通報を受けた場合、その審理の途中であっても暫定措置を要請する場合があるが、日本政府はどのように対応したらよいのか。

国内裁判への影響（①②③）

ここで問題とされるのは、①国内裁判で継続中の事件についての通報、②同じ事件について確定判決と異なる内容の見解、③確定判決と異なる内容の見解の将来の国内裁判に対する影響、である。

このうち②及び③の問題については、条約機関の見解が、すでに行われた国内裁判や将来の裁判に何ら「不当な」影響を与えるものではなく、むしろ

その影響は建設的な影響あるいは対話として好ましいものであることは、すでに詳しく述べたとおりである。念のためにそのことを法的に説明すれば次のとおりである。まず、国内での特別の立法がない限り、委員会の見解は、国内の確定判決に法的な影響を及ぼすものではない。通報者は、委員会の異なる見解を根拠に、国家賠償請求あるいは刑事事件の再審請求をあらためて裁判所に提起するかもしれないが、訴訟物や訴因が同一である限り、それらの訴訟は既判力によって妨げられ、あるいは現行法上、適法な再審事由とはならない。現在の国内法上は、委員会の見解に国内の確定判決を変更する効力を認めていないのであるから、国内の確定判決にはなんらの変更も生じず、また、国内裁判所が確定判決を変更する義務も負わない。個人通報制度が、国内裁判所に新たな上級審を作り出すわけでも、国内の法体系を変更させるものでもないことは、自由権規約委員会の委員も確認しているところである[49]。そして、将来の国内裁判においても、委員会の見解は、裁判官が良心に従って独立に職権を行使する際に、解釈資料として考慮されるにとどまり、その裁判官を拘束するものではですでに述べたとおりである。もちろん、委員会の見解には、「規約の解釈という責務を与えられた機関による一つの有権的な決定」[50]という側面があり、裁判官も見解を相応の重みを持って考慮することが要請される。しかし、そのことは、自由権規約を批准する日本政府が裁判所を含めて規約で保障された権利の確保や侵害に対する効果的な救済措置の確保を約束している以上（自由権規約2条1項、3項）、条約上の義務から要請される考慮であって、何ら不当なものではない。

　次に、①国内裁判で継続中の事件についての通報の問題については、この問題の背景を少し理解する必要がある。自由権規約の個人通報制度を例に取れば、通報のためには「利用しうるすべての国内救済措置を尽くしたこと」（選択議定書5条2項(b)）が要件とされており、それを尽くしていない場合、例えば、国内で裁判が継続中の事件についての通報は、自由権規約委員会によって受け付けられない。この国内救済原則は、他の人権条約も含めて国際的な

---

[49]「私の考えでは、選択議定書への加入が少なくとも締約国の憲法体系を改変させたり、さらなる上訴審を作り出すことになるようなことはありません」（第5回定期報告書審査〔2008年〕におけるシーラー委員の発言）日本弁護士連合会編『日本の人権保障システムの改革に向けて――ジュネーブ2008国際人権（自由権）規約第5回日本政府報告書審査の記録』（現代人文社、2009年）46頁。
[50] 自由権規約委員会・前掲注26一般的意見33号13項。

監視機関について適用されている国際法上の一般的な原則である[51]。しかし、それには例外が認められている場合がある。自由権規約の個人通報制度を例に取れば、選択議定書では「救済措置の適用が不当に遅延する場合」は国内救済原則の例外とされ（選択議定書5条2項(b)）、また、自由権規約委員会は、国内救済原則が要求するのは効果的救済であり、そうとは認められない救済を尽くしていなくとも通報を認めるなど、国内救済原則を柔軟に解釈してきた面もある[52]。しかし実際に自由権規約委員会が効果的救済と認められないとしたのは、恩赦、議会への請願、監督機関やオンブズマンへの申立てなどその効果が不明な手段であって、司法的救済の場合には通報者が尽くすべき効果的救済であると解釈してきた[53]。国内の司法機関が機能している場合に、その司法機関の最終判断を経ない通報が受理されることはないのである。また、「不当に遅延する場合」が認められたのは、軍事裁判所に関わる手続や政府が委員会に十分な回答を行わないなど例外的な場合であって、容易に通報を受理するわけではない[54]。日本のように、国内の司法手続が整備されて実質的に機能している場合において、裁判継続中の事件が仮に通報されたとしても、政府が国内救済原則を援用した場合に、委員会が通報を受理することはない。このことは、自由権規約委員会の委員も日本政府に対して、繰り返し言明しているところである[55]。それゆえ、日本政府が問題とする①国内裁判で継続中の事件についての通報が委員会によって受理される可能性はないし、また、仮に国内裁判で継続中の事件についての通報がなされた場合には、

---

[51] Nowak・前掲注29書p.885.
[52] Nowak・前掲注29書p.885.
[53] Nowak・前掲注29書pp.886-887.
[54] Nowak・前掲注29書pp.888-890.
[55] 「もうひとつ考えられる説明は、たとえ国内救済が完了していなくても、委員会が個人申立を取り扱う場合があるというものです。もしこれが国内裁判の独立性に関する日本の懸念であるとすれば、はっきり申し上げておきますが、また、私の同僚も私に賛同してくれると思いますが、日本の裁判所で係争中の事件を委員会が取り扱うことはありません。現在進行中の裁判に介入する意図はありません」（第4回定期報告書審査〔1998年〕におけるシャイニン委員の発言）日本弁護士連合会編『日本の人権21世紀への課題――ジュネーブ1998国際人権（自由権）規約第4回日本政府報告書審査の記録』（現代人文社、1999年）140～141頁。（選択議定書を批准している）「それらの国々では司法の独立についてなんらの支障もないことを指摘したいと思います。日本がなぜ異なった考え方をするのか知りたいと思います。国内救済がまずもって完了しないかぎり委員会はいかなる申立や通報も受け付けないのですから、日本が第一選択議定書を批准するための措置をとることを考えていただいてもよろしいのではないでしょうか」（第4回定期報告書審査〔1998年〕におけるバグワッティ委員の発言）日弁連・同書122頁。

日本政府としてその不受理を求める手続を取ることが可能である[56]。

以上に詳しく見てきたように、国内裁判への影響として提起された問題点は、そもそも存在しない懸念であるということができるだろう。

見解に対する政府の対応（④⑤⑥）

条約機関から救済措置を勧告する見解が出された場合に日本政府がどう対応すべきかという問題意識は、最近の日本政府の国会答弁においても言及されるようになってきていた[57]。自由権規約委員会の場合、個人通報制度を通じて規約違反の判断を行う場合に、判断の基礎となった事実、規約違反に関する解釈、そして違反の有無に関する結論をその見解に記載する[58]。違反について取られるべき救済措置は、本来は、違反を認定された締約国から提出されるべきものであるが[59]、締約国が取るべき救済措置を委員会が見解に明記することもある。そのような救済措置には、違法行為の中断、被害者への賠償、事件の捜査、責任者の訴追、法改正や実務の変更、再発防止の保証[60]、再審、死刑の減刑、拘禁からの釈放、あるいは、内容を特定しない適切な措置などがある。

このような見解を受けた場合に、個人通報制度を受け入れた締約国がどのように対応すべきかという問題は、すでに検討した法的拘束力の問題と併せて、どのように対応をする法的義務を負うのかということと、法的義務ではないにしてもどのように対応するのが適切なのか、という2つの側面がある。

一般的に、条約機関が出す見解そのものは締約国を法的に拘束するものではないと理解されていることは、すでに詳しく述べたとおりである[61]。しかし、それでは締約国が条約機関の見解をまったく無視してよいのかと言え

---

[56]「ですから、政府は司法過程のなかでどれくらいの期間がかかりうるのかを常に説明する立場にありますし、委員会が機関についての抗弁をまずもって政府に求めることをせずに、国内救済が完了していない事件を取り扱うことは決してありません。よって、たとえ国内救済が完了していない事件を取り扱う権限を委員会が持つ例外的な場合があったとしても、選択議定書の批准を遅らす正当な理由はないと思います」（第4回定期報告書審査〔1998年〕におけるシャイニン委員の発言）日弁連・前掲注55書141頁。
[57] 稲田・前掲注22答弁。
[58] Nowak・前掲注29書p.892.
[59] 自由権規約委員会の手続規則99-2。
[60] Nowak・前掲注29書p.892, note 131.
[61] Nowak・前掲注29書p.894.

ば、ことはそう単純ではない。たとえば自由権規約のもとで、締約国は、規約上の権利の侵害を受けた者に対して、「効果的な救済措置」を取る義務を負っており（自由権規約2条3項）、自由権規約委員会の違反認定にもかかわらずそのような義務を果たさないことはそれ自体が締約国の規約違反と評価される。もちろんその前提として、規約の違反があったのかどうかという判断が委員会と締約国とで分かれる場合に、見解の法的拘束力の問題としては、締約国は委員会の判断を受け入れる法的義務を課されるわけではない。しかし、委員会に関わるシステムとしては、委員会の見解は「有権的な決定」[62]とみなされ、締約国が違反の存在を前提とした「効果的な救済措置」を取らない限り、締約国の違反に対しては様々な措置が発動されることになる。

　そのような措置としてまず存在するのは、委員会によるフォローアップの手続である。自由権規約委員会が規約違反を認定した場合には、その見解において一定の救済措置を要請するとともに、締約国が見解を実施するためにとった措置について、180日以内にその情報を委員会に提出するように求めている[63]。そして、委員会は見解のフォローアップのために特別報告者を選任して、見解に対する締約国の対応を監視させる[64]。そのようなフォローアップ活動に関する情報は、委員会が国連の経済社会理事会と総会に提出する年次報告書に含められることになる[65]。このようなシステムを通じて、規約に違反したと認定され、あるいは効果的な救済措置をとらない締約国に対しては、国際社会の中での「道徳的権威」が行使されることになる[66]。いいかえれば、締約国は、委員会の見解に対して何らかの措置をとらない限り、人権侵害を放置する国として非難の目を国際社会で向けられることになるのである。このようにして、締約国は、法的義務とは別の次元で、委員会の見解に対して、何らかの対応を行うことが適切であるという政治的かつ道徳的選択を促進されることになる。そのようなメカニズムを、安藤仁介元自由権規約委員会委員長は、形式的には法的拘束力がないとしても、「国民がしっかりしていて、つまり民主主義がうまく機能して、政府も委員会の見解を聞き入れる

---

[62] 自由権規約委員会・前掲注26一般的意見33号14項。
[63] 自由権規約委員会・前掲注26一般的意見33号14項。
[64] 自由権規約委員会の手続規則101。自由権規約委員会・前掲注26一般的意見33号16項。
[65] 自由権規約委員会の手続規則101-4、選択議定書6条、自由権規約45条。自由権規約委員会・前掲注26一般的意見33号17項。
[66] Nowak・前掲注29書p.894.

姿勢を持っているところでは、形式的な拘束力のなさはさほど問題にはならない」と説明している[67]。

それでは、実際に日本が個人通報制度を受け入れた場合に、条約機関の見解に対してどのように対応することが適切なのであろうか。この点について、自由権規約委員会は、次のように述べている。

「大部分の国は、委員会の見解を国内の法秩序に受容するための具体的な法律を有していない。しかしながら、一部の締約国の国内法は、国際機関によって人権侵害を受けたと認定された被害者に対して補償金を支払うことを規定している。いずれにせよ、締約国は、委員会の見解を実効性あらしめるため、その権限の範囲内においてあらゆる手段を用いなければならない」[68]。

すなわち、委員会の見解をそのまま国内法で実施するという制度を取っている締約国はむしろ少数である[69]。そのような制度を持たない締約国に対して、委員会が期待しているのは、その権限の中で可能なあらゆる手段を用いるということである。それでは、日本の場合には、個人通報制度を受け入れた場合、自由権規約委員会が勧告することのある主要な救済措置について、どのような対応が可能なのだろうか。

(1) 行政の運用により対応が可能な措置

自由権規約委員会の勧告の中には、日本の行政機関に権限内で対応できる措置も少なくない。規約に違反するような違法行為を中断すること、そのような違法行為について捜査を行い、責任者を訴追すること、法を運用する実務を変更すること、再発防止の保証などがそれである。あるいは、死刑の減刑や拘禁からの釈放などの刑事的な措置も、次に述べる司法的判断を覆さない限り、各種の恩赦措置や仮釈放など現在の法律で認められた権限を行使することによって対応できるであろう。このような行政措置による見解への対

---

[67] 足木孝ほか「座談会・国際人権救済申立手続の現在」法律時報77巻12号（2005年）12頁〔安藤仁介発言〕。
[68] 自由権規約委員会・前掲注26一般的意見33号20項。
[69] 国内法で委員会の見解を実施することを定めた国として、南米のコロンビアがある。足木ほか・前掲注67座談会14頁〔安藤仁介発言〕。

応は、個人通報制度を受け入れた多くの国々で実施されていることである。

(2) 司法の最終的判断と抵触する可能性のある措置

より深刻な問題は、自由権規約委員会で勧告された措置が、すでに国内で行われた司法の最終的判断と抵触する可能性のある場合の対応である。例えば、委員会が刑事事件や民事事件の再審（裁判のやり直し）を命じた場合、現在の法律で厳格に定められている再審事由との関係で、裁判所が再審を決定することは通常は困難である。あるいは、被害者への賠償を命じる勧告の場合にも、現在の国内での賠償は国家賠償法のもとで、賠償は公権力側に違法行為があった場合のみに認められる。仮に、通報がなされる前に被害者の国家賠償請求を退ける裁判所の判断、あるいは公権力側の行為に違法な点はなかったとの裁判所の判断が確定していた場合、あらためて国家賠償を認めることは、従来の裁判所の判断に抵触して不可能となる。刑事補償法も国内の裁判所で無罪判決を受けることが前提である以上、同じ問題がある。

このような場合の日本政府の対応としては、2つ考えられる。一つには、現行法に違反しない形での行政措置を模索しながらも、国内法で不可能な措置については、「権限の範囲内」にはないとして見解の履行を少なくとも当面は断念することである。これは、現在の個人通報制度のもとでは可能な措置ではあるが、そのような断念を繰り返した場合には、日本政府は自由権規約の違反に対して効果的な救済を怠っているとの批判を受けることになる。

もう一つは、このような抵触の状況を変えるための立法措置をとることである。立法措置の方向性としては、先の再審事由や国家賠償の原因に条約機関の勧告がなされた場合を含める形で国内の裁判所で再審査できるようにすること、あるいは国内の裁判所の判断とは別に条約機関の勧告がなされた場合には行政機関が裁判所の判断を覆すことなしに賠償などの救済措置をとることができるようにすること、などがある。

他方で、条約機関の見解は、たとえすでに確定した国内裁判所の判断を覆すことはないにしても、将来の司法判断における解釈資料として適切に考慮されることは、すでに述べた建設的な影響または対話という観点からも必要である。自由権規約委員会の一般的意見や日本政府に対する総括所見は、人権教育の措置の一環として、これまでも最高裁判所を通じて裁判官に提供されてきた[70]。また、日本に関わる自由権規約委員会の見解についても、同じように最高裁判所を通じて裁判官に提供されるべきである。そのような措置

は、司法機関も政府機関の1つとして条約上の義務を履行する主体であることから、必要な措置と言える。逆に、すでに検討した理由で、そのような措置が個々の裁判官の職権の独立を侵すものとは考えられない。

(3) 国会の行動を必要とする措置

条約機関の見解によって、国会の行動が要請されるのは、まず、見解において法改正や新しい法の制定が勧告される場合である。また、先の行政機関や司法機関の措置において指摘したように、見解に従った効果的な救済措置をとるためには、現在の法律の改正が必要となる場合がある。

ここで、確認しておく必要があるのは、たとえ条約機関が法の改正や制定を求めたとしても、それは「効果的な救済措置」を実現するための一つの手段にすぎず、特定の立法措置を義務づけるものではないと言うことである。例えば自由権規約上の締約国の義務は、規約上の権利の実現のために「立法措置その他の措置」をとること（自由権規約2条2項）であり、いかなる措置によってその権利を実現するかは基本的に締約国に委ねられている。そのような意味で、委員会がその見解において法律改正などの立法措置を求める場合であっても、結果として締約国が規約上の権利侵害をなくす状況が実現されるのであれば、締約国の義務は実施されたものとなる。

そして、国会中心・国会単独立法主義をとる憲法のもとで（憲法41条）、法律の改正などの立法的措置を取るかどうかの判断が、すべて国会に委ねられている。こうした憲法の枠組みは、個人通報制度を受け入れたもとでも変更されるものではない。しかし、条約機関の見解を受けた日本政府が、求められる効果的な救済措置をとるためには立法措置に委ねるしかないと考える場合には、すみやかに内閣において法改正や新法の提案を国会に対して行う必要が出てくるだろう。それにもかかわらず、国会が立法措置を受け入れずに、結果として効果的な救済措置が実施できない状態が生じることもあるかも知れない。それは、憲法のもとではやむを得ない事態である。しかし、国際法上の問題として締約国は、条約の不履行を正当化する根拠として自国の国内法を援用することが許されない以上、日本政府としては効果的な救済措置を実施するための方法を模索し続ける必要に迫られる。

---

70 日本政府・前掲注12第5回報告28項。

⑷　国内人権機関の役割

　ここまで検討してきた内容から明らかになるのは、条約機関が見解において一定の措置を要請し、それを受けて日本政府がそれに従って効果的な救済措置を実現する意思があったとしても、立法、行政、司法の諸機関にわたってどのような手段で実現するかを決めるためには、憲法をはじめとする国内法制度との十分な調整を図らなければならないということである。そうした調整は、国際人権基準と国内の法制度を充分に理解、また、個人通報制度の当事者となった日本政府から独立した第三者機関によってなされるのが実効的である。そのような意味で、現在政府がその設置を検討している、政府から独立した国内人権委員会は、そうした調整を行うのに適した機関であると言えるだろう。条約機関の見解への効果的な対応のために、見解を踏まえた政策提言や各機関に対する救済措置の勧告を行う権限が、国内人権機関に付与されることが望ましい。

暫定措置に対する政府の対応 (⑦)

　最後に、条約機関が行う暫定措置に対する政府の対応にも触れておきたい。自由権規約委員会は、個人通報があった事件で、回復不能な被害が生じるおそれがあると認められる場合に、暫定措置 (interim measures) を締約国に要請する場合がある[71]。死刑の執行、あるいは強制送還とノン・ルフールマン原則に関わる申立てなどがその例である[72]。そのような暫定措置が要請された場合、その要請は、見解と同様、厳密な意味での法的拘束力があるわけではない。しかし、救済を求める者に対して、その審査が終了する前に回復不能な被害、生命の剥奪や政治的迫害を受ける国への送還などを実施してしまうことは、救済の道を設ける個人通報制度の趣旨に反する行為である。そのため、自由権規約委員会は、「暫定的ないし一時的措置を実施しないことは、選択議定書の定める個人通報手続を誠実に尊重すべき義務に抵触するものである」と述べている[73]。

　実際に日本がこのような暫定的措置を要請された場合、その多くは行政機関の裁量権の範囲内で対応できるであろう。死刑の執行命令書の発令や退去

---

[71] 自由権規約委員会の手続規則101。
[72] 自由権規約委員会・前掲注26一般的意見33号19項。
[73] 自由権規約委員会・前掲注26一般的意見33号19項。

強制令書の実際の執行などは、その時期について法務大臣や関係機関の裁量に委ねられている部分が多い。そのような場合には、暫定措置の要請に対しては、日本政府による行政的措置の対応が現在でも可能であり、特に問題は生じることはない。

例外的に、そのような裁量によっては手続を停止できない場合も、現行法上は存在するかも知れない。たとえば、法務大臣が執行命令書で死刑執行を命じた場合に、その執行を停止できる理由は心神喪失や女性の懐胎などに限定されている。このような例外的な場合に対応するためには、今後、法律の改正が適切とされる場合もあるだろう。

ここまで、個人通報制度のもとで日本が対応を求められるさまざまな可能性を検討してきた。それらを通じて言えることは、条約機関の見解への対応は厳密な意味での法的義務として求められるものではないが、条約上の効果的な救済措置をとる義務や無対応がもたらす政治的、道徳的義務のもとではその権限内での対応を行うことが適切であること。見解への対応は、現在の法制度のもとで行うことができることも多いが、将来の立法措置を考える必要がある場合もあること。そのような課題は、日本のみならず、個人通報制度を受け入れたすべての国が人権の確保のために直面してきたものであること、である。逆に、個人通報制度を受け入れた場合に将来発生しうるすべての個々の事件や人権問題に対応して法を整備するというのは、そもそも不可能でもあり、また、個人通報制度が事件を通じて国内の法体制の問題点を浮かび上がらせていく役割や利点を無視することでもある。少なくとも、将来において国内法の問題点が明らかになる可能性があることが、個人通報制度を拒否する口実とされるべきではない。

まとめ

日本政府が2つの国際人権規約を批准してから30余年にわたり個人通報制度に対して示してきた対応、特に、「司法制度」や「司法権の独立」との関係の懸念は、どのように考えても正当なものとは言えないものであった。

他方で、最近の日本政府の答弁やあるいは政府部内で検討されている論点の中には、実際に個人通報制度を受け入れた場合に日本政府は条約機関の見解にどのように対応すべきかという、きわめて正当かつ意味のある問いかけ

も含まれている。こうした問いかけは、ひとり日本だけが直面する特殊な問題ではなく、その本質においては個人通報制度を受け入れたすべての国について共通する問題である。その本質とは、個人通報制度を国内の人権救済機能とどのように調和させて、より高度な人権水準の実現を目指すのかという課題である。そしてその課題は、個人通報制度の中で条約機関から異なる判断を突きつけられるかも知れない国内裁判所（司法権）の課題であるだけでなく、行政権や国会、あるいはそれらを民主的に組成する日本の国民の課題である。そのような課題は、単に個人通報制度の受入れや、その後の適切な調整と言った制度的な問題にとどまるわけではない。それは、日本の憲法制度の中で確立してきた人権基準と、条約機関を通じて監督される国際的な人権基準とをどのように日本国内で共通化していくのかというより根源的な課題につながるのである。しかし、その検討はまた別の機会に譲ることとしたい。

　そのような重要な問題、あるいは課題を真剣に検討することなく、日本政府が、「司法制度」や「司法権の独立」の口実に隠れて、長い時間を空費してしまったことは、本当に残念なことである。しかし、個人通報制度の受入れを真剣に検討する現在の政府や国会においては、それらの問題や課題をもはや、さらに時間を空費させるための口実とすべきではない。個人通報制度を国際・国内共通の人権基準を確立するための重要な出発点として位置づけるべきであろう。すべての締約国が直面してきた共通の課題に対し、様々な試みによって解答を見いだしていく貴重な機会を、現在の日本は与えられているのである。

（ひがしざわ・やすし）

個人通報制度をめぐる日本の現状

伊藤和子（ヒューマンライツ・ナウ事務局長、弁護士）

はじめに

　民主党を中心とする政権が発足してから2年以上が経過した。

　民主党は政権交代直前の2009年衆議院選挙マニフェストに、「人権条約選択議定書を批准する」と掲げた。「人権が尊重される社会をめざし、人権侵害からの迅速かつ実効性ある救済を図る」という政策目標のもと、具体策として、「個人が国際機関に対して直接に人権侵害の救済を求める個人通報制度を定めている関係条約の選択議定書を批准する」と明記した。しかし、この公約は、2009年衆議院選挙マニフェストにおいて同党が掲げた他の人権分野の政権公約同様、実現しないまま今日に至っている。

　ここでは、筆者が国内の様々な人権NGOとともに個人通報制度実現に関する取組をしてきた立場から、個人通報制度実現に関する状況について述べたい。

政権交代と人権政策の転換への期待

　2009年9月、政権交代後初の法務大臣となった千葉景子氏は、就任会見において、「このたびの新しい政権は多くの国民の皆さんがつくられた政権だろうと思っている。それに込められた国民の皆さんの思いをしっかりと法相という立場で実現をさせていただきたい」、「個人通報制度を含めた選択議定書の批准も進めていきたい課題だ。人権条約、あるいは女子差別撤廃条約に選択議定書、個人通報制度が盛り込まれている。これはいろいろな司法との

関連等々が指摘されているが、これも国際的な基準に基づいて、ぜひ、国際的にも日本がたいへん積極的だという発信をしていけたらと思う」と決意を表明した。この会見に触れ、ようやく日本でも長年待たれていた個人通報制度が実現し、国際基準での人権保障に向けた大きな一歩が踏み出せると思った方も少なくないだろう。

しかしながら、千葉法務大臣のもとの民主党政権においては、人権4条約（自由権規約、女性差別撤廃条約、拷問等禁止条約、人種差別撤廃条約）いずれの個人通報制度実現についても、目に見えた前進がなかった。

「政治主導」が掲げられたにも関わらず、法務省内にも外務省内にも、この公約を実現しようとする強力な政治的リーダーシップが働かなかったように見受けられた。2010年5月に、国連人権高等弁務官が来日したが、この機会に日本政府が人権政策の転換を表明するのではないか、との国連側の期待は空振りに終わった。

外務省、法務省、そして国会議員

2010年秋に入り、外務省からは、個人通報制度導入に向けた積極的な態度が目立つようになった。外務省関係者からは、導入の理論的検討は終了したので、後は政治決断の問題との認識も示されるようになった。本書に収録されている、個人通報制度の実現をテーマとするヒューマンライツ・ナウ主催の2010年世界人権デーシンポジウムにも、山花郁夫外務大臣政務官（当時）から個人通報制度実現に積極的に取り組む姿勢を示すビデオ・メッセージが届けられている（シンポジウムの様子については、本書36頁参照）。

そこでNGO側は、政治決断の契機となるべく、国会議員の意識喚起や、法務省への働きかけを開始した。2011年12月1日には19団体が個人通報制度実現を求めるNGO共同要請書を政府に提出し、黒岩宇洋法務大臣政務官への要請等も行った。

その後、2011年1月の内閣改造で法務大臣に就任した江田五月氏のもと、個人通報制度についてようやく真剣に検討する機運が感じられるようになった。

個人通報制度の実現を求めるNGOは、2011年2月に、江田法務大臣（当時）に面会する機会を得て、2011年の通常国会における個人通報制度の実現を

申し入れ、懇談を行い、江田大臣（当時）からも前向きの回答を得た。
　当時、法務省が明らかにした法務省サイドでの検討状況は以下のとおりである。

●検討状況
・外務省主催・個人通報制度関係省庁研究会に出席している。
・法務大臣政務官の下で、個人通報制度を導入する際、法務行政に関して想定される通報事案への具体的対応の在り方や体制整備等について検討中。
●主な論点
(1)　委員会から以下のような見解が出された場合の具体的対応如何
・国内の確定判決とは異なる内容の見解
・裁判係属中の事件についての見解（委員会の見解は原則として「国内的な救済措置を尽くした」ときに出されるが、国内措置の実施が不当に遅延する場合や、効果的な救済をもたらす見込みがない場合には、裁判係属中の事件についても見解が出される可能性がある）
・通報者に対する損害賠償や補償を要請する見解
・法律改正を求める見解
(2)　委員会から暫定措置の要請が出された場合の具体的対応如何
(3)　国内裁判所に対する委員会の見解の通知の可否
(4)　個人通報制度を導入した際の事務処理体制

　ここで検討されている問題は、個人通報制度を導入した国でそれぞれ実務的に解決されている問題である（日本における対応については、本書・東澤論文89頁を参照）。
　NGOや人権条約機関の委員を経験した専門家は、法務省部内での検討課題について、これまでの知見・経験を提供し、いつでも疑問に応えることができる、として開かれた場でこれらの検討課題を議論し、制度導入への障壁を取り除いてほしいと呼び掛けてきた。
　その後、2011年5月には、法務三役出席のもとでの民主党政策調査会法務部門会議において、個人通報制度に関する会合が開催され、筆者もヒューマンライツ・ナウの事務局長として、市民社会を代表する立場から呼ばれ、個

人通報制度の必要性を訴えた。会合には法務、外務の政務三役や担当者も参加したが、誰からも個人通報制度導入に対する異論や問題点は出されなかった。

　この会合の議論の結果、個人通報制度を導入していく方向性が確認されている。

　その後、2011年8月下旬に、民主党政策調査会の法務・外務部門の合同会議において、個人通報制度を実現する方向性が確認されたと伝えられている。

　また、法務省・外務省で個人通報制度を担当した政務官は以下のような覚書を交わして、個人通報制度導入に向けて具体的な詰めをしていくことを確認している（ヒューマンライツ・ナウは下記覚書を情報公開制度に基づいて入手した）。

個人通報制度に関する対応について

平成23年8月30日

1　法務省と外務省は、個人通報制度の受入れを検討するに当たり、引き続き対等な立場で必要な作業を進める。内閣官房、その他の関係省庁との調整も同様とする。

2　個人通報制度を受け入れた後の役割分担について、以下のとおりとする。
　(1)　国連の委員会等との連絡は外務省が行う。
　(2)　個人通報について、国連の委員会等から照会があったときは、外務省において各省庁の所掌事務に応じて割り振りを行い、法務省はその所掌事務に係る通報事案に関する説明書等を作成する。

3　法務省及び外務省以外の関係省庁に対しては、それぞれの所掌に応じて上記と同様の対応をとるよう、法務省としても働きかけを行う。

法務大臣政務官　　黒岩宇洋
外務大臣政務官　　山花郁夫

　積み残しの課題として、「翻訳の実務を法務省と外務省のいずれが負担するか」という極めて実務レベルでの議論がなされているということも伝えら

れた。

現状

　ところが、野田内閣発足後、個人通報制度導入に関する前内閣での到達点はそのまま引き継がれているとは到底思われない。
　2011年初頭に検討中とされていた論点について法務省において十分な検討がなされている気配はなく、外務省・法務省ともに導入に向けて積極的に取り組もうとする姿勢は見受けられない。
　このように、民主党政権は、マニフェストにおける国民との公約にも関わらず、個人通報制度の導入について何ら目に見える成果を実現しないまま今日に至っている。
　内閣や政務三役が交代するたびに、引継ぎ事項が遵守されないとすれば、人権政策についての政権の姿勢に首をかしげざるを得ないだろう。国民との公約であるマニフェストを誠実に実現するために、現政権の政治主導が発揮されるかが問われている。

世界から問われる日本の人権

　1979年、日本が自由権規約を批准する際、衆参両院は第1選択議定書についても早期に批准するよう検討するとの附帯決議を採択した。ところがそれから、省庁における「検討」が実に30年以上続けられ、批准に向けての政治的イニシアティブが発揮されないまま今日に至っている。その間、アジア、アフリカ、ラテンアメリカ等の諸国で人権条約の批准と個人通報制度の導入が次々と行われ、近隣でも韓国、モンゴルが個人通報制度を導入し人権状況を劇的に改善させている。日本は世界のなかでもアジアにおいてもこの課題について後れを取っているのが実情である。
　日本はこの間、各人権条約機関から個人通報制度の受入れを何度となく勧告されてきた。2008年の国連人権理事会による普遍的・定期的審査においても、日本は個人通報制度の早期受入れを勧告され、日本政府はこれを「検討する」と正式に表明した。しかし、日本はこの勧告に真摯に従わず、未だに個人通報制度を導入せず、今日に至っている。このような状況を国際社会は

厳しく受けとめている。

　国連人権理事会による日本に対する第2回目の普遍的・定期的審査は2012年後半に控えており、日本の姿勢が世界から問われている。

　2012年中に人権条約の個人通報制度導入を実現するため、政治のイニシアティブを強く求めたい。また、私たち市民社会としても、日本の人権状況を前進させる重要な課題として、この問題を訴え続けていく必要がある。

（いとう・かずこ）

参考資料：個人通報制度事例

(ヒューマンライツ・ナウまとめ)

これまでの個人通報制度の事例から参考となるものを、ヒューマンライツ・ナウでまとめた。なお本文中の「OP」は選択議定書のこと。

事例1

Ms.A.T. v. Hungary（ハンガリー）
女性差別撤廃委員会
【通報日】10/10/2003
【見解採択日】26/01/2005
【通報番号】No.2/2003
【全文】www.un.org/womenwatch/daw/cedaw/protocol/decisions-views/CEDAW%20Decision%20on%20AT%20vs%20Hungary%20English.pdf
【手続上の論点】
国内的救済措置を尽くしていないことにおける例外（OP 4条1項）、選択議定書が効力を生ずる前の出来事（OP 4条2項(e)）。
【実体上の論点】
締約国の義務（2条(a)(b)(e)）、役割分担の否定（5条(a)）、婚姻・家族関係における差別撤廃（16条）。
【通報者の主張】
　通報者は、1998年3月より、内縁の夫L.F.（現在は別居中）からの継続的かつ深刻なドメスティック・バイオレンス（DV）を受けている。通報者にはL.F.との間に子どもが2人あり、うち1人は脳に重度の障がいを負っている。通報者は、心身の健康及び生命の危険にさらされているが、ハンガリーには、重度の障がいを負った子どもとともに入居できる施設がないため、シェルターには入っていない。また、2003年9月には、通報者が居住するL.F.名義のアパートへの接近禁止を求めた裁判（ブダペスト地裁）で、L.F.のアパートに対する財産権を根拠として接近禁止は認めない旨の判決が出された。通報者は、この判決を見直すよう最高裁に上告したが、2004年1月2日（追加資料提出時）現在、回答は出ていない。通報者は、財産分与に関する民事訴訟（通報者がアパートのL.F.の持分を買い取ると申し出た）も起こしており、アパートの独占的使用についての裁判所命令を求めたが、2000年7月25日に却下された。さらに、L.F.に対しては、通報者への暴力による刑事訴訟が起こされている。通報者は、地域の子ども保護担当当局に支援を求めたが、何の支援も得られなかった。
　最高裁への上告の結果により裁判所が条約を適用可能な国内法として認める可能性が低いこと、L.F.からの暴力の大半はハンガリーが選択議定書に加入した2001年3月以前に起きているが、その後も暴力は続き、通報者の生命が危険にさらされていることから、通報者

は本件が委員会により受理されるべきであると考えている。

通報者の主張は以下のとおりである。
① 通報者は、ハンガリー政府が条約2条(a)(b)(e)及び5条(a)、16条の義務を果たしていないために、内縁の元夫からの効果的な保護を受けることができなかった。
② L.F.に対する刑事訴訟は必要以上に長期に亘っていること、現在のハンガリーの法律に保護命令や接近禁止命令がないこと、また、L.F.がこの間全く拘束されていないことは、条約および一般的勧告19号が定める通報者の権利を侵害している。
③ 条約の内容及び理念に対する違反により通報者と子どもたちが受けた苦痛について、補償を含む法的正義を要求する。
④ ハンガリーの女性たちのために、a) DV被害者の効果的かつ即時的保護を導入するための法律を作ること、b) 法曹関係者らにジェンダー視点及び条約と選択議定書に関する研修を実施すること、c) ジェンダーに基づく暴力の被害者に対する無料の法律扶助を提供することについて、委員会の介入を求める。

また、通報者は、生命の安全の確保のためにOP5条1項による暫定措置を要請した。

【当事国の主張】
① 民事裁判については保留中、刑事裁判については現在も進行中である。
② しかし、締約国としては本通報の受理可能性について反対する意志はなく、また、国内救済措置が通報者を元夫の暴力から速やかに保護するものではないことを認める。
③ ハンガリー国会は、2003年4月16日に家族内暴力の防止と効果的対応に関する国家戦略に関する決議を採択し、DVについての包括的な行動計画を作成している。

【委員会の見解】
① 締約国が本通報の受理に異議を唱えていないこと、通報者による最高裁への上告が却下されたこと、民事訴訟が期限を定めずに保留されており、たとえ結果が出たとしても現在の通報者の生命への危険を回避するものではないと考えられること、刑事裁判が3年以上継続しており、OP4条1項にいう救済の適用が不当に引き延ばされている場合に該当すると考えられることから、本件は受理可能である。また、通報者が受けている暴力も1998年から現在まで継続していると判断される。
② 女性に対する暴力の防止と保護についても果たされるべき、条約2条(a)(b)(e)の締約国の義務が実施されておらず、通報者の人権及び基本的自由、特に安全への権利が侵害された。
③ 民事及び刑事裁判においてL.F.をアパートから遠ざけることができず、法律上接近禁止あるいは保護命令の規定が存在せず、障がいを持った子どもとともに入所できるシェルターがないことに締約国が対応してこなかったことは、条約5条(a)及び16条に規定された通報者の権利の侵害にあたる。
④ 本通報に関し、委員会が要請した暫定措置が十分に実施されなかった。
⑤ 上記に基づき締約国に対して以下の勧告を行う。

通報者に関して：

(a) 通報者と子どもたちの心身の安全を確保するための効果的な措置を速やかにとること。
  (b) 通報者と子どもたちが安全に暮らせる住居、適当な養育手当、法的支援、これまでの権利の侵害による苦痛に対する補償を提供すること。
一般的事項:
  (a) DVから自由になる権利を含む女性の人権を尊重、保護、促進、充足すること。
  (b) DV被害者に対し、最大限の法的保護を保障すること。
  (c) DVの防止と効果的対応に関する国家戦略を速やかに実施し、評価すること。
  (d) 法曹関係者らに対して、女性差別撤廃条約及び選択議定書に関する研修を行うこと。
  (e) 女性と少女に対する暴力に関するハンガリーの第4・5次報告書に対する委員会の総括所見を速やかに実施すること。
  (f) すべてのDV事件について速やかに真剣な捜査を行い、国際的な基準に基づいて加害者を処罰すること。
  (g) DV被害者に対し、安全かつ速やかに法的正義を提供すること。
  (h) 加害者に対して更生プログラム等を提供すること。

事例2

The Vienna Intervention Centre against Domestic Violence and the Association for Women's Access to Justice on behalf of Banu Akbak, Gulen Khan, and Melissa Ozdemir v. Austria（オーストリア）

女性差別撤廃委員会
【通報日】21/07/2004
【見解採択日】06/08/2007
【通報番号】No.6/2005
【全文】daccess-dds-ny.un.org/doc/UNDOC/GEN/N07/495/37/PDF/N0749537.pdf?OpenElement
【手続上の論点】
　国内的救済措置が尽くされているかどうか（OP 4条1項）、通報者の主張は十分に立証されているかどうか（OP 4条2項(c)）。
【実体上の論点】
　暴力（一般的勧告19号）との関係における、締約国の差別撤廃義務（2条(a)(c)〜(f)）、女性の完全な発展・向上の確保（3条）。
【通報者の主張】
　本通報は、再婚した夫により殺害された女性（Fatma Yildirim、トルコ出身、オーストリア国籍）に代わって、女性が利用していたドメスティック・バイオレンス（DV）被害者支援団体（2団体）により、女性の前夫との子ども（成年2人、未成年1人）の承諾を得て提出された。

通報者によれば、女性は、2003年7月以来、夫から殺害の脅迫を受けるようになり、離婚を望んでいたが、夫は同意せず、離婚すれば女性と子どもたちを殺害すると脅していた。同年8月初めから、女性は夫からの身体的暴行や脅迫電話について頻繁に警察に通報し、警察は夫に対し退去・帰宅禁止命令を出すとともに、ウィーンDV介入センターと青少年福祉事務所にその旨を通報、さらに検察官事務所に夫の逮捕を求めたが、検察はこれを却下した。8月8日、女性は、ウィーン地裁Hernals支部に夫に対する暫定命令の申請を提出。この間、夫が頻繁に女性の職場に現れて脅迫するため、女性は警察に通報していた。ウィーンDV介入センターもファックスで警察に女性の状況と携帯番号を連絡し、さらなる注意を要請。同月14日、女性は、生命の脅迫被害について正式な届出を警察に提出、警察は検察官に再度夫の逮捕を求めたが却下された。26日、女性はウィーン地裁Hernals支部に離婚申立を提出。9月1日、同支部は、夫に対して、女性については離婚手続終了時まで、同居中の次女については3カ月間有効な暫定命令（自宅、女性の職場等への接近、連絡の禁止）を出したが、同月11日、女性は帰宅時に自宅近くの路上で夫により刺殺された。夫は、その後、ブルガリアに入国しようとしたところを逮捕され、殺人罪で終身刑に服している。

　通報者は、当事国政府は、女性の安全と生命の権利を保護するために必要なすべての適当な措置を積極的にとっておらず、条約1〜3条、5条、一般的勧告12号、19号、21号、その他の国際文書、オーストリア憲法の一部に違反していると主張する。また、委員会に対して、被害者の人権および条約上の権利の侵害及び夫を逮捕しなかったことへの当事国の責任を検討し、暴力の被害者である女性（特に移民女性）の保護のために効果的な処置を取ること、女性DV被害者の安全を保護し、加害者及び公衆に対しDVは非難すべき犯罪であると周知するために積極的逮捕および訴追政策をとること、女性に対する暴力被害者の保護・支援に取り組む民間団体と協力すること、刑事司法関係者へのDVに関する研修を義務化することを勧告するよう求めている。

　また、通報者は、女性の保護と殺害防止に関して利用可能な国内救済措置はなく、また、2004年12月に女性の次女が起こした国家賠償請求訴訟は、子どもの損失に対する補償を求めるもので、女性本人に対する救済ではないため、OP4条の救済には当たらないと主張している。

　（当事国による受理可能決定の見直し要請に対して）本事案の焦点は、法規則の修正や廃止ではなく、法が適切に適用されなかったことである。よって、当事国が利用可能と主張する司法審査はOP4条1項の国内救済措置とはみなされないと反論。

【当事国の主張】
① 女性の次女による国家賠償請求訴訟は、検察官事務所の対応が適正であったとして却下されたが、再度、民事訴訟を提起することは可能である。
② 夫は前科もなくおとなしそうに見えたので、検察官は拘束が必要とは考えなかった。
③ 女性の代理人は、（夫の逮捕状を出さないという）検察官の決定に対する異議申立を認めないという規定について、憲法裁判所で司法審査を求めることができる。また、子どもたちも、憲法140条1項にもとづき、憲法裁判所に、刑法の加害者の権利保護に関する条項を

DV被害事件については廃止するよう求めることができる。
④　(受理可能決定の見直し要請の中)当事国は、DVに対応するために包括的な措置をとっており、十分な措置がとられていないという通報者の主張は根拠を欠いている。
⑤　女性自身も、検察官法37条により、ウィーン検事総長、上級検察官事務所、連邦司法省などに、担当検察官の決定について不服を申立てることができた。

【委員会の見解】
①　当事国が主張する憲法140条1項の手続は抽象的なものであり、殺害の脅迫を受けている女性や子どもたちにとって有効な救済とはみなされず、本通報は受理可能である。
②　女性の未成年の次女が起こした国家賠償請求訴訟を民事訴訟として再提出が可能であるという当事国の主張についても、有効な救済には当たらず、本通報は受理可能である。
③　〈受理可能性の見直し〉(通報時に次女による賠償請求が継続中だった点に関し)国内救済措置を尽くしたかどうかは、事案検討時までに判断されればよい。また、検察官法37条の異議申立は、生命の危険に瀕している女性にとって効果的な救済措置とは言えない。
④　本案審査：締約国が相当の注意義務に従って権利の侵害を予防し、暴力行為について捜査・処罰し、補償を提供することを怠った場合、私人による行為にも締約国の責任が生じる。
⑤　当事国は、DVについて包括的な対応モデルを有しているが、実際にDV被害者の女性の人権を守るためには、その実施を確保しなくてはならない。
⑥　当事国当局は、女性が重大な危険に瀕していることを認識していたと考えられ、検察官による夫の逮捕要請の却下は不適切。これは、当事国として相当の注意義務を尽くす義務に反すると考えられる。また、加害者の権利が女性の生命への権利と身体的、精神的安全に優先されてはならない。
⑦　当事国は、条約1条と一般的勧告19号との関連において条約2条(a)(c)〜(f)、3条に違反しており、下記のとおり勧告する。
　(a)　DV防止連邦法と関連の刑法の実施および監視を強化すること。
　(b)　DV加害者を注意深くかつ迅速に訴追し、加害者の権利が女性の生命及び安全の権利に優先することのないよう相当の注意義務を果たすこと。
　(c)　法執行関係者、司法関係者、関係NGO等の間の連携を強化すること。
　(d)　法曹及び法執行関係者らに対するDVについての研修・教育を強化すること。
　当事国は、6カ月以内に、本勧告に関して取られた対応を含む見解を委員会に提出すること。また、本見解及び勧告をドイツ語に訳し、広く国内で周知すること。

事例3

Francisco Juan Larranaga v. The Philippines(フィリピン)
自由権規約委員会
【通報日】15/08/2005

【見解採択日】24/07/2006
【文書発行日】14/09/2006
【通報番号】No.1421/2005
【全文】www.unhchr.ch/tbs/doc.nsf/(Symbol)/b527d9a939f88305c12571ef004a2e8c?Opendocument
【実体上の論点】
　生命の権利（6条）、残虐な刑罰の禁止（7条）、適正手続きの保障（9条）、裁判の独立・公正（14条1項）、推定無罪の原則（14条2項）、適正な弁護人を得る権利・公正な裁判・防御の機会の均等・裁判の不当な遅延・武器の平等（14条3項）。
【通報者の主張】
　通報者は、1999年5月、6名の共犯者と共に、被害者Aに対する誘拐・監禁の罪により第一審刑事裁判所で有罪判決を受け、reclusion perpetua（一定期間後仮釈放の可能性がある終身刑）を言い渡された。通報者は判決を不服として上告したが、最高裁は前審で無罪とされた被害者Bに対する誘拐・監禁・殺人・強姦の罪においても通報者を有罪と認め、Bに対する罪で死刑を言い渡したことから、通報者は、国内的救済手段が尽くされたとして委員会に通報した。
　通報者が主張する規約違反は以下のとおりである。
① 1987年の新憲法が廃止した死刑制度を1993年に復活させたこと、また改正刑法が一定の犯罪に対して自動的に死刑を科し、情状酌量等による減刑を認めないことは、生命の権利（規約6条）の恣意的剥奪にあたる。
② 適正手続の保障を欠く裁判で死刑を宣告することは、「生命の権利の恣意的な剥奪」にあたり規約6条に違反する。本件では、具体的に以下のような手続上の問題が認められる。
・釈放と免責を条件に通報者に不利な証言をした共犯者の供述が証拠として採用された。
・アリバイの立証責任が全面的に通報者に負わされた上に、アリバイに関する弁護側の証人申請が「無関係かつ重要性がない」として却下された。
・弁護人が法廷侮辱罪で逮捕・勾留され、後任の国選弁護人には反対尋問の準備期間が1日しか与えられなかった。その上、同弁護人は、他の共犯者の弁護人も兼務しているという利益相反の問題があったことから、通報者が私選弁護人の選任を要求したが、選任のための裁判延期は認められないとして却下された。
・被害者の叔母がエストラーダ元大統領の秘書であったこと等から、外部からの圧力やマスコミの報道で裁判所に予断が与えられていた。また、公判の裁判官と予審の裁判官の内、数名が同一人物だった点は、裁判の独立性・公平性の点から問題がある。
・最高裁は、刑事裁判所で無罪とされた点についても有罪の判決をしたにもかかわらず、判決に先立ち通報者に弁論の機会を与えなかった。
③ 起訴から再審請求の却下まで7年10カ月という裁判遅延に合理的理由は認められない。

④ 死刑執行の恐怖のもとに長期間置かれていることは、「残虐な刑罰」を禁止した規約7条に違反し、不適正な手続きで投獄されている状態は「恣意的拘留」を禁じた規約9条に違反する。

【当事国の主張】
① 1987年憲法は死刑を完全に廃止したわけではない。また一定の犯罪に死刑を自動的に適用することは、共謀が立証される限り重要な問題ではない。そもそも、被告人には十分なセーフガードが与えられているのであり、死刑の"自動的適用"は"恣意的適用"を意味しない。
② 共犯者の証言は他の証人の証言や物理的証拠とも一致して信用性が高い。
③ アリバイの立証責任を被告人に負わせることは何ら不当ではない。
④ 被告人の死刑判決はエストラーダ元大統領退任から3年後で全く無関係であり、裁判官が予断を持っていたというのも推測にすぎない。
⑤ 裁判所は迅速に裁判を行う義務があり、証人の数や反対尋問を制約することも正当化できる。同様に、裁判の延期を認めるかは完全に裁判所の裁量事項である。
⑥ 捜査を担当したのは検察官であり裁判官ではないから、起訴段階の裁判官と公判の裁判官が同じでも裁判の公平には抵触しない。
⑦ 最高裁は下級審判決を全面的に見直してその誤りを訂正する義務があり、これに対して上訴人に意見陳述の機会が与えられていれば、手続き上の保障として十分であって、弁論を開く必要はない。
⑧ 裁判遅延は、専ら通報者の訴訟遂行に起因している。

【委員会の見解】
① ある種の犯罪に対し、唯一の選択として死刑を自動的に適用して情状等を一切考慮しないことは、「生命の恣意的な剥奪」であり、規約6条1項に違反する。
② アリバイの立証責任を被告人に課している国があるとしても、本件では、アリバイ立証のための証人のうち何名かが排除される一方で、共犯者の証言を採用し、更には裁判官の予断排除にも疑問があること等を考慮すると、本件裁判が「推定無罪の原則」を遵守していたとは言えず、規約14条2項に違反する。
③ 弁護人に事案を把握し検討する十分な時間を与えなかった点は、規約14条3項(b)(d)に、私選弁護人選任の要求が却下された点は14条3項(d)に違反する。
④ 事実認定や証拠の採用は国内裁判所の専権事項ではあるが、死刑という結果の重大性に鑑みると、「無関係かつ重要性がない」との理由のみで弁護側の証人を却下する一方で、検察側の証人にはそのような制限を加えていない点は、規約14条3項(e)に違反する。
⑤ 下級審で判断されなかった点にまで最高裁が有罪の認定をして死刑を課した点は、規約14条1項・5項に違反する。
⑥ 予審を担当した裁判官が公判を担当した点は、規約14条1項に違反する。
⑦ 裁判の遅延は裁判所に起因しており、規約14条3項(c)に違反する。
⑧ 規約14条の基準を満たさない手続によって課された死刑判決を受け、いつ執行される

かわからない状況に置くことは、それ自体多大な苦しみを与えるものであり、拷問等の残虐な刑罰を禁止した規約7条に違反する。

以上により本件裁判は、規約6条、7条、14条1項、2項、3項(b)(c)(d)(e)、5項にそれぞれ違反しており、加盟国は通報者に対し死刑判決の軽減や釈放等を含む有効な保障を提供し、かつ、将来同様の違反行為を防止する義務を負う。

事例4

Yoon and Choi v. Republic of Korea（大韓民国）
自由権規約委員会
【通報日】18/10/2004
【見解採択日】03/11/2006
【文書発行日】23/01/2007
【通報番号】No.1321-1322/2004
【全文】www.unhchr.ch/tbs/doc.nsf/(Symbol)/26a8e9722d0cdadac1257279004c 1b4e?Opendocument
【実体上の論点】
思想・良心及び宗教の自由（18条）
【通報者の主張】

　2名の通報者はエホバの証人の信者であるが、それぞれ2001年と2002年に、宗教上の信念と良心に従い兵役を拒否したことにより、韓国の兵役法（Military Service Act）88条(1)に従って逮捕、起訴され、東ソウル地方裁判所で懲役1年半の有罪判決を受けた。両名は保釈されたものの、控訴した控訴審裁判所、さらに最高裁判所も一審判決を支持した。2004年には憲法裁判所も「（韓国の）憲法19条に定める良心の自由は、兵役拒否を認めるものでない。憲法に兵役拒否を具体的に認めた条文はない。兵役法88条は憲法19条に定める権利を侵害していない」との判断を示した。このあと、300件ほどの同様の訴追が次々と起こされ、2004年末までに1,100人が兵役拒否により投獄された。

　通報者は、韓国に強制的兵役に代わる市民的役務の制度がなく、兵役拒否した者が刑事犯として起訴され懲役を科せられるのは規約18条1項違反であると主張する。さらに規約委員会一般的意見22号（1993年）にも、兵役拒否の権利が18条から派生するとされている、と主張した。

【当事国の主張】

　規約18条には、必要であれば良心の表明に制限を課すことができるとする。韓国憲法37条2項では、「国防、法秩序、公共の福祉のためには、法によって市民の権利は制限される」と定めている。よって、憲法19条の定める良心の自由を根拠に兵役拒否はできない。内的に良心を形成し保持する自由は制限されないが、兵役拒否によってそれを表明することは、治安や法秩序を脅かす恐れがあるとき制限され得る。韓国は、北朝鮮と敵対関係にあると

いう地政的条件のもと、全国民徴兵制度を取っており、国民が平等に義務を果たすことに重要な意味がある。例外を認めることは、社会的統一を揺るがし、兵役制度の根本を不安定にさせ、国防に悪影響を与える。代替役務制度の導入は、現在の国防の状況においても国民的理解においても、それを可能にする段階にない。兵役拒否を処罰するのは、国防の重要性、兵役負担の平等性、また代替役務制度が不在であることから、規約18条3項を侵害していない。尚、代替役務制度導入については、政府に行動計画が提出され（2006年1月）、前向きに検討されている。

【委員会の見解】

規約18条によれば、強制的兵役は宗教的信念に照らして道徳的倫理的に許されないという考えが、尊重されるべきである（なお、規約8条の強制労働についての条項は、「兵役を除いて」という条件があるので関係しない）。一般的意見22号にもあるように、兵役拒否の権利は規約18条から派生し、信仰や信念の自由を守るために、認められる。

韓国の国防上の状況、公共の安全と社会の統合を守るという目的は理解されるし、代替役務制度導入について検討していることも認められる。しかし、通報者の権利は規約18条で守られなければならない。兵役拒否を認めた場合、いかなる不都合 (disadvantage) があるのか、当事国は具体的に示しておらず、重大な影響があると判断されない。良心、信念、その表明を十分に認めてこそ、多元的価値を保持する、社会的統合や公正が実現する。全国民徴兵制度を劣化させないまま、代替役務制度を持つことは理論的にも実際上も可能である。それをせずに、通報者を有罪としたことは、規約18条1項に違反する。従って、規約2条3項に従って、当事国は補償を含む実効的な救済を通報者に与え、同様の侵害を繰り返さない義務を負う。

特定非営利活動法人 ヒューマンライツ・ナウ

〒110-0015 東京都台東区東上野1-20-6 丸幸ビル3F
TEL：03-3835-2110　Fax：03-3834-2406
ウェブサイト：hrn.or.jp
メールアドレス：info@hrn.or.jp

［GENJINブックレット60］

今こそ個人通報制度の実現を！
世界標準での人権救済に道を開こう

2012年3月22日　第1版第1刷

［編　　者］特定非営利活動法人　ヒューマンライツ・ナウ
［発行人］成澤壽信
［編集人］北井大輔
［発行所］株式会社 現代人文社
　　　　　〒160-0004 東京都新宿区四谷2－10 八ツ橋ビル7階
　　　　　Tel: 03-5379-0307/ Fax: 03-5379-5388
　　　　　E-mail: henshu@genjin.jp（編集）/ hanbai@genjin.jp（販売）
　　　　　Web: www.genjin.jp
［発売所］株式会社 大学図書
［印刷所］株式会社 平河工業社
［装　幀］Malpu Design（清水良洋）
［装　画］龍神貴之

検印省略 Printed in Japan
ISBN978-4-87798-505-9 C1032
©2012 Human Rights Now

◎本書の一部あるいは全部を無断で複写・転載・転訳載などをすること、または磁気媒体等に入力することは、法律で認められた場合を除き、著作者および出版者の権利の侵害となりますので、これらの行為をする場合には、あらかじめ小社または著者に承諾を求めて下さい。
◎乱丁本・落丁本はお取り換えいたします。